Ruth Pfau

Und hätte die Liebe nicht

Inhalt

© Verlag Herder GmbH, Freiburg im Breisgau 2010
Alle Rechte vorbehalten
www.herder.de

Umschlagkonzeption: Groothuis, Lohfert, Consorten | glcons.de
Umschlaggestaltung: Verlag Herder
Satz: Barbara Herrmann, Freiburg
Herstellung: fgb · freiburger graphische betriebe
www.fgb.de

Gedruckt auf umweltfreundlichem, chlorfrei gebleichtem Papier
Printed in Germany

ISBN 978-3-451-30297-8

Ruth Pfau

Und hätte die Liebe nicht

50 Jahre in Pakistan

Herausgegeben von Michael Albus

HERDER

FREIBURG · BASEL · WIEN

eine Freiheit? • Gott ist größer und ganz anders •
Liebe zum anderen setzt Selbstliebe voraus • Ewiges
Leben – eine offene Stelle • Wie soll man das ver-
kraften?

Ein Traum

Das Einzige, was uns bleibt:
bei ihnen sein ...

Ich hatte einen Traum, heute Nacht. Ich träume manchmal, und manche Träume begleiten mich lange.

Ich war Teil einer Arbeitskolonne, wir stapften durch den Wüstensand in Sindh. Das ist ermüdend. Wie Neuschnee. Ich trug die Häftlingskleidung, wie alle. Mit dem Unterschied, dass ich darüber den von einer Patientin rot bestickten Umhang trug. Das war bislang nicht aufgefallen.

Für die Mittagspause erreichten wir einen offenen Platz. Da lag ein Mann. Ob noch am Leben, ob nicht mehr am Leben, das war nicht auszumachen. Es wird so viel gemordet in diesen Tagen. Vermutlich war er tot – denn neben ihm kniete ein Mann, raufte sich die Haare und klagte, wie man in Asien klagt – laut, durchdringend laut, und offensichtlich ohne Ende. ... Und so berührend, dass auch unsere Wachleute nicht eingriffen. Es herrschte Stille, Wüstenstille. Nur die durchdringende Klage stieg zum Himmel auf.

Wer der Mann gewesen sei, fragte ich flüsternd. Ich kannte ihn nicht. Er sei der Idiot der Kolonne, flüsterte der Befragte zurück, gegen ihn käme sogar die Wachmannschaft nicht an. Er war immer freundlich. Wenn sie ihn schlugen, fragte er erstaunt: „Warum tut ihr das?" Er vertraute den Menschen. Er glaubte, in jedem stecke etwas Kostbares, und man müsse es nur finden.

Er hatte den Traum und das Licht, die uns allen verloren gegangen sind. Deshalb war er unüberwindlich. Es tat uns gut, mit ihm zu sein.

Und jetzt haben sie den Traum gemordet.

Wo kam der Traum her?

Vorher hatte ich mit einem Patienten auf der Bank gesessen. Einem Vater von fünf Kindern. Er sagte zu mir: „Und wenn Allah seine Gnade von Pakistan zurückgezogen hat, und uns alle unseren Sünden überlässt und Pakistan nicht mehr heimsucht – bleiben *Sie* dann wenigstens?"

Manchmal denke ich: Das ist das Einzige, was uns bleibt: bei ihnen zu sein.

Anfänge –
Erfahrungen, die ein Mensch nicht
verarbeiten kann

Ich kenne das Swat-Tal so gut. Als ich das erste Mal dort war, überwältigt von der Schönheit, blaues Gletscherwasser, schimmernde Schneeberge, die Obstplantagen in überschäumender Blüte – da habe ich gedacht, darüber hinaus gäbe es nur noch die himmlische Schönheit. Ich glaube nicht, dass es in den folgenden Jahren ein Dorf im Tal und auf den Höhen gegeben hat, in dem wir nicht gewesen sind. Die Gegend war von Lepra verseucht – jetzt ist sie frei.

Drei Millionen Flüchtlinge mussten 2009 durch den Angriff der pakistanischen Armee gegen die Taliban überstürzt aus ihrer Heimat fliehen. Ich kann nur schwer in Worte fassen, wie sehr mich diese Flüchtlingsexplosion verwundet hat.

Es gibt sie immer noch, meine „eschatologische Liste". Sie enthält alle Probleme und offenen Fragen, die ich Zeit meines Lebens nicht lösen und beantworten konnte und kann. Diese Auflistung hat mir über weite Strecken meines Lebens wirklich geholfen. Ich war mir allerdings immer bewusst, dass diese Liste auch so etwas wie eine Verdrängung war – und ist. Aber eigentlich auch wieder nicht, weil ich ja damit etwas offenhalte und weil dadurch auch ein „Partner" gegeben ist, den ich damit anspreche. Wenn ich mit einem Partner im Gespräch bin, dann ist das keine Verdrängung. „Verdrängung" ist per definitionem etwas so tief im Unbewussten Angesiedeltes, dass es nur in Träumen an die Oberfläche kommen kann. Jetzt ist diese eschatologische Liste so voll, so übervoll, so gesättigt mit nicht lösbaren Fragen, dass nichts mehr hineinpasst. Sie ist dabei, einfach zu platzen, überzulaufen, wenn ich noch mehr hineinstopfe.

Die Gründe dafür sind sehr vielschichtig, und ich kann sie noch nicht alle genau benennen. Fest steht, dass ich das Leid und die Unsinnigkeit der Welt, wie ich sie über die letzten 50 Jahre in Pakistan und in Afghanistan, und vorher während des Krieges in Deutschland erlebt habe, nicht mehr nur mit Humor ertragen kann. Ich beziehe meine auch qualitativ gewachsenen Erfahrungen nun stärker auf meinen Partner, man kann ihn auch Gott nennen, auf den ich mich eingelassen habe und der sich auf mich eingelassen hat.

Es ist klar: Die Geschichte beginnt mit Golgatha, dem Leiden und dem Kreuzestod Jesu, sie geht über Auschwitz und ist nun bei diesen drei Millionen Flüchtlingen in Pakistan angelangt, die vor der eigenen Armee aus ihrer Heimat fliehen mussten.

50 Jahre Rückblick auf meinen Aufenthalt in einem muslimischen Land. 50 Jahre Glück und Leid.

Warum ich jetzt das Leid so viel stärker sehe als das Glück, das doch auch noch da sein muss?

Das hat wohl auch seine Geschichte.

Es gibt Erfahrungen, die ein Mensch einfach nicht verarbeiten kann. Auschwitz gehört dazu. Ich gehöre zu dieser Generation, der es versagt bleiben wird, so etwas jemals verarbeiten, jemals bewältigen zu können.

Noch einmal, weil es wichtig ist: Golgatha, Auschwitz, das Johannes Paul II. „das Golgatha unserer Zeit" genannt hat, und die drei Millionen Flüchtlinge im eigenen Land wiegen heute schwerer für mich als früher. Da hat sich im Laufe der Zeit etwas in meiner persönlichen Gewichtung verschoben.

Alles, was sich in meinem Leben ereignet hat und noch ereignen wird, hat im Verhältnis zu meinem Partner, in meiner Gottesbeziehung seinen Grund und sein Ziel. Deswegen bin ich so sensibel, so empfindlich und so verletzlich geworden. Von diesem Zentrum gehen alle Erfahrungen aus und münden auch letztlich wieder dort hinein.

Im Grunde geht es darum, dass man in der Liebe bleibt.

Abschiedsworte Jesu
Aus dem Johannesevangelium

Er liebte die Seinen in der Welt, und er liebte sie bis ans Ende. (Joh 13,1)

Ein Beispiel habe ich euch gegeben, damit auch ihr tut, wie ich an euch getan habe. (Joh 13,15)

Dies trage ich euch auf: Liebt einander! (Joh 15,17)

Euer Herz ängstige sich nicht und verzage nicht. (Joh 14,27)

Wenn eine Frau gebären soll, ist sie traurig, weil ihre Stunde gekommen ist; aber wenn sie das Kind geboren hat, denkt sie nicht mehr an ihre Not, vor Freude, dass ein Mensch zur Welt gekommen ist. (Joh 16,21)

Nicht Zuschauer bleiben

Ich erinnere mich an ein Buch, das ich im Alter von ungefähr zwölf Jahren gelesen habe. Den Namen des Autors habe ich vergessen. Ich weiß nur noch, dass mein Vater gesagt hat, ich solle es nicht lesen. Das hat natürlich genau den gegenteiligen Effekt ausgelöst. Ich habe es gelesen. Es war eine Geschichte, die in einem Kriegsgefangenenlager spielte. Da verschwand eines Tages einer der Bewacher. Und dann sah ihn sein Freund nach zehn Monaten wieder, als sie einen Verhungernden, Sterbenden aus dem Lager heraustrugen. Der Freund erkannte ihn und sagte zu ihm: „Es ist leichter dabei zu sein, als zuzuschauen!"

Direkt zurück in die Gegenwart des Landes, in dem ich seit fünfzig Jahren lebe und arbeite: Während ich dies schreibe sind diese drei Millionen Flüchtlinge immer noch unterwegs, müssen in zum Teil notdürftig errichteten Lagern ihr Leben fristen. Bei über 40 Grad Hitze! Wer nicht selbst dort war, der bildet sich irgendetwas ein, stellt sich etwas vor, das Schlimmste vielleicht. Es ist schrecklich, schrecklicher, als wir es uns vorstellen können – aber eben nicht nur schrecklich.

Wenn man dabei ist, am Ort des Geschehens, bei den Menschen selber, dann erfährt man auch, dass es neben dem Grauen auch viele schöne Dinge gibt, mitten in Leid, Schmerzen und Gewalt: Dass Menschen füreinander sorgen, das Letzte, was sie haben, miteinander teilen, sich freuen, wenn man kommt, wenn man bleibt, wenn man ihnen zuhört. Diese Erfahrung ist mir vertraut. Ich lasse mir von außenstehenden Beobachtern nicht den Vorwurf machen, dass ich die Armut schön rede, sie zur Idylle umformuliere. Die Härte bleibt, klar! Aber es gibt auch das Weiche, das Zarte in der Härte.

Ich werde nie die Situation nach dem schweren Erdbeben 2005 in Azad Kashmir, im Norden Pakistans, vergessen: Wir waren im Jeep unterwegs. Ich hatte nichts dabei, außer einem Nachthemd, der Bibel, der Zahnbürste, einem Schlafsack und einer Kerze. Es gab nichts zu essen und kein Trinkwasser. Wir hatten buchstäblich nichts. Auch nichts, womit wir wirksam hätten helfen können. Als aber meine Mitarbeiter, die Lepraassistenten, gehört hatten, dass ich gekommen war, kamen sie aus allen Tälern und von den Bergen herab. Dadurch hatte ich zu allererst einmal die Gewissheit, dass keiner von ihnen irgendwo verschüttet lag. Das war schon einmal sehr wichtig und Grund zur Erleichterung. Wir saßen dann auf einer Bank, die wir aus Trümmern herausgezogen hatten und sagten kein einziges Wort. Wir saßen nur auf der Bank und waren füreinander da. Erst einige Zeit danach habe ich erfahren, welche Hilfe allein meine stumme Gegenwart für sie gewesen ist.

Es ist schwer für mich, dass ich das jetzt nicht mehr so kann, wegen meines Alters, und weil mein Team zu besorgt um mich ist. Ich könnte sehr wohl gegen ihre Besorgnis handeln. Aber sie haben wohl recht. Denn bei 40 Grad Hitze am Tag, bei zwölf Grad Kälte in der Nacht baue ich ab. Und dann falle ich den Mitarbeitern nur zur Last und sie haben zu allem anderen auch noch die Sorge um mich.

Wenn das Wetter mitspielt, bin ich doch noch vor Ort, wie jetzt bei den Flüchtlingen von Swat.

Denn ich bleibe grundsätzlich dabei: Man muss *da* sein! Man darf sich nicht mit der Rolle der Zuschauerin oder des Zuschauers begnügen. Das dauernde Analysieren von außen löst am Ende nur Depression aus und hilft nichts. Man braucht existenzielle Erfahrung. Dann ereignen sich auch wunderschöne Dinge, die man sonst nicht erleben würde. Dabei sein, mitten drin sein, ist für sich schon ein wichtiger Teil jeder Hilfe.

Und nicht nur ich bin davon überzeugt – das Team handelt auch danach.

Dazu gibt es viele Geschichten. Im Jahre 2009 war ich in fast allen Provinzen Pakistans. Bei einer der Reisen begleitete mich ein junger Arzt. Wir suchen ja intensiv nach Ärzten, die bereit sind, im Außendienst zu arbeiten. Dieser Arzt, der vorher bei der Armee gewesen war, sagte zu mir: „Ich habe doch nicht Medizin studiert, um Leute in den Tod zu bringen! Ich habe Medizin studiert, um Menschen am Leben zu erhalten!" Deswegen hatte er nach einer Chance gesucht, einen anderen Job zu bekommen. Zu diesem Zeitpunkt war er noch nicht aus der Armee entlassen, hatte sich aber Urlaub genommen, um Erfahrungen zu sammeln. Er machte seine Sache wirklich gut. Wir haben uns schnell angefreundet. Man muss bedenken, dass er das zu einer Zeit in seinem Leben unternahm, in der er in der Armee sicher noch erhebliche berufliche Chancen gehabt hätte. Das allein hat mich schon beglückt.

In dieser Situation verursachte mein Herzschrittmacher Schwierigkeiten. Ich musste sofort nach Karachi zurück.

Mein Kollege aber sagte: „Die Reihenuntersuchung, die Sie gerne haben möchten, die kann ich alleine machen!" Gut, wenn jemand sich das zutraut!

Und dann ging kein Flugzeug. Es blieb keine andere Lösung, als mit dem Jeep über den gefährlichen Karakorum-Highway zu fahren. 20 Stunden unterwegs. Es war die Zeit, in der es heftig regnete und man deshalb jederzeit durch einen Bergrutsch aufgehalten werden konnte. Gott sei Dank hatte die Armee den schlimmsten Bergrutsch, vor dem ich am meisten Angst hatte, schon beiseite geräumt und wir mussten bei diesem Wetter nicht noch in ständiger Lebensgefahr unter den Felsen sitzen und warten. Im nächsten Bazar fanden wir dann einen unserer Lepraassistenten aus dem Swat-Tal. Er berichtete, dass die Taliban dort völlige Ruhe geschaffen hätten. Das war ganz kurz vor dem Angriff der pakistanischen Armee gegen die Taliban im Swat im Sommer 2009. „Ich weiß nicht", sagte Najib, „wie lange die Ruhe anhalten wird. Deshalb dachte ich, ich nutze besser die Zeit, und ich lud meine Maulana-Freunde zu einer Tasse Tee ein." Was sie von den Selbstmordattentaten der Taliban hielten? wollte ich wissen. Ihre Antwort: „Gott sei uns gnädig! Das ist total gegen alle Regeln des Islam!" Und ich: „Wenn ihr davon überzeugt seid, warum predigt ihr dann nicht jeden Freitag dagegen?" Das fanden sie nur logisch. Und taten es dann auch. Davor hatten sie überhaupt nicht an diese Möglichkeit gedacht.

Mit Sisyphos kommt man nicht weit

Mit dem Mythos von Sisyphos, der den Stein immer wieder hoch gewälzt hat, aber jedes Mal, wenn er fast oben war, von Neuem anfangen musste, weil er zurückrollte – damit kommt man nicht weit. Dass irgendwann in der Geschichte der Menschheit dieser Mythos einmal entstehen musste durch jemanden, der das tatsächliche Leben kritisch beobachtete, das leuchtet mir ein.

Ich weiß auch nicht, ob sich die Weltgeschichte vorwärts entwickelt oder im Kreis verläuft. In gewisser Hinsicht zweifellos vorwärts. Dann aber auch wieder nicht. Das kann man alles theoretisch erwägen. Aber von solchen Reflexionen bin ich schon lange losgekommen. Analysieren bringt nicht viel. Jedenfalls nichts, was Anderen wirklich hilft.

Im konkreten Einsatz, in der helfenden Tat, geht es immer um die Verwirklichung der grundlegenden Rechte des Menschen. Viele Menschen in Pakistan müssen dafür selber kämpfen, ohne fremde Hilfe. Ich kenne Mitarbeiter aus unserem Krankenhaus in Karachi, die verzichten inzwischen wegen der weltweiten Wirtschaftskrise schlicht und einfach auf ihr Abendessen, damit sie das Schulgeld für ihre Kinder bezahlen können. Was hilft es diesen Menschen, wenn ich kluge Theorien aufstelle? Da zählt allein die Praxis. Ich muss ihnen mit Schulgeld unter die Arme greifen.

Ich weiß auch nicht, worauf das alles hinauslaufen soll. Ob das ein ewiger Kampf ums Überleben bleiben wird oder ob es sich einmal grundsätzlich zum Besseren wendet. Ich weiß es nicht.

Jedes Mal wenn ich nach Deutschland komme, freue ich mich, dass es ein Land gibt, das bewiesen hat: Es geht. Ich glaube nicht, dass die Deutschen wirklich wissen, was sie geschafft haben.

Damit sich im Lauf der Welt und im Leben der Menschen wirklich etwas zum Besseren wendet, müssen weltweit ganz andere Strukturen herrschen. Ein ganz anderes Teilen müsste praktiziert werden, als das jetzt der Fall ist.

Wichtig ist: Nicht den großen Wurf diskutieren! Nicht vorbeigehen! Hand anlegen! Mitleid haben!

Als er ihn sah, hatte er Mitleid

Ein Mann ging von Jerusalem nach Jericho hinab und wurde von Räubern überfallen. Sie plünderten ihn aus und schlugen ihn nieder; dann gingen sie weg und ließen ihn halb tot liegen. Zufällig kam ein Priester denselben Weg herab; er sah ihn, wechselte die Wegseite, und ging weiter. Auch ein Levit kam zu der Stelle; er sah ihn und ging weiter. Schließlich kam ein Mann aus Samaria, der auf der Reise war; als er ihn sah, hatte er Mitleid. Er ging zu ihm hin, goss Öl und Wein in seine Wunden und verband sie. Danach hob er ihn auf sein Reittier, brachte ihn zu einer Herberge und pflegte ihn. Am anderen Tag holte er zwei Denare hervor, gab sie dem Wirt und sagte: Sorge für ihn, und wenn du mehr für ihn ausgibst, werde ich es dir bezahlen, wenn ich wiederkomme.

(Neues Testament, Lukasevangelium, 10,30 – 35)

Bilder der Erinnerung

Die Naturwissenschaften sagen, dass der Mensch nie etwas vergisst. Was einmal in unserem Gehirn ist, das bleibt drin, das bekommen wir nicht mehr raus. Manches vergisst man. Manches kann man sich wieder ins Gedächtnis rufen. In meiner Erinnerung sind vor allem Begegnungen mit Menschen aufgehoben.

Es begann im Aussätzigencamp in Karachi. Dort habe ich vor 50 Jahren mit einigen Mitschwestern angefangen zu arbeiten. Ich erinnere mich noch sehr genau an einige Patienten, an Mitarbeiter weniger.

Abdullah, den wir nicht retten konnten

Bei einem unserer ersten Patienten hatten wir mit den damaligen Mitteln der Diagnostik eine Nierenerkrankung festgestellt. Er war nicht mehr als 30 Jahre alt und ist ganz schnell gestorben, ohne dass wir ihm helfen konnten. Ich habe mir den Kopf darüber zerbrochen, welche Krankheit er wirklich hatte, habe es aber nicht herausgefunden. Wir hatten damals keine Möglichkeit zum Röntgen. Wir konnten nur ein paar Tests machen, das war alles. Es hat mich ziemlich mitgenommen, dass wir ihn nicht retten konnten. Sehr erstaunt war ich, dass die Patienten des Camps auf Abdullahs Tod mit der Bemerkung reagierten, dass noch nie jemand so schön gestorben sei wie er: umsorgt und betrauert. Ich dachte mir: Das ist auch gut, das ist etwas, was wir immer machen können, in jedem Fall besser, als gar nichts tun zu können.

Dhamandra – die Überquerung des Flusses

Es war auf dem Weg von Gilgit nach Dhamandra, einem Dorf hoch im Himalaya. Wir mussten den Indus überqueren, einen reißenden Fluss oben in den Bergen. Eine Brücke gab es nicht. Nur eine Kerahla führte hinüber. Eine Kerahla ist ein Sitz-Brett, das an einem Seil hoch über den Fluss gezogen wird. Das aber war keine Kerahla an einem Drahtseil, sondern an einem Wollseil. Abdullah, einer meiner besten Mitarbeiter in den Anfangsjahren, wollte nicht, dass ich es als Erste versuchte. „Ich gehe erst mal allein, um zu sehen wie und ob es überhaupt zu machen ist", schlug er vor. Es war zu machen. Er und dann ich schafften es, und es ist uns nichts passiert.

Der Weg nach Dhamandra war weit und steil. Ich fragte, ob es denn kein Pferd gebe, denn eine so lange Kletterei sei schwierig für mich. Damals hatte ich schon meinen Herzklappenfehler, wusste es aber noch nicht. Abdullah lachte. Kein Kommentar. Dann marschierten wir los. Es dauerte nicht lange, bis ich verstand: Ein Pferd hätte das nie geschafft! Vor dem Rückweg hatte ich Angst. Rückwege im Gebirge sind auch nicht gefährlicher als Aufstiege, aber man kennt die Risiken besser. Wir mussten aber heimkommen, und das bald: Es fing an zu schneien. Der Gedanke, den Winter über in Dhamandra festzusitzen, ohne Bücher, ohne Computer, war schlimmer, als sich den Rückweg mit all seinen Gefahren vorzustellen.

Wenn ich heute nach Gilgit fahre, bin ich froh, dass die Zeit vorbei ist, in der ich den Bergen auf diese Weise ausgesetzt war. So sehr ich natürlich damals die Schönheit und das Abenteuer genossen habe! Aber ich bin im Grunde weder sportlich noch sonstwie heroisch veranlagt.

Die schlaflose Angstnacht

In meinem Leben habe ich so viel berechtigte Angst ausgestanden, dass ich einfach nicht alles verdrängen und verdauen konnte. Ich erinnere mich an eine Nacht, in der ich fast meine Fassung verloren hätte. Es war im Kaghan-Tal im hohen Norden. Wir kamen spät abends in einem Dorf an. Die Leute hatten mich in einem Haus untergebracht, in dem sonst keiner wohnte. Nachts habe ich immer Angst, auch heute noch. Das kommt von den Bombennächten im Krieg und wird sich auch nicht mehr geben, solange ich lebe. Ich konnte die Türen in diesem Haus nicht richtig abschließen und es gab Geräusche, die ich nicht einordnen konnte, weil ich sie nicht kannte. Eigentlich wollte ich erst einmal ins Freie, um der Sache nachzugehen und herauszufinden, woher die Geräusche kamen, dann wäre ich beruhigt gewesen. Aber das konnte ich im Dunkeln nicht. Diese schlaflose Angstnacht werde ich nie vergessen.

Danach habe ich mir selbst gesagt: Du bist verrückt! Warum hast du den Leuten nicht offen gesagt, dass du das nicht willst und nicht kannst? Warum hast du nicht darum gebeten, in einem Haus bei Leuten zu schlafen, oder dass jemand für diese Nacht ins leere Haus kommt und dort schläft? Ich habe das damals nicht gemacht, weil ich ein falsches Ideal von Unverletzlichkeit hatte. Zu bitten, dass man etwas für mich tut, ist mir immer schwer gefallen. Es fällt mir heute noch schwer.

Der Trost des knarrenden Bettes

Ähnlich war es dann noch einmal in einem Tal ganz nahe an der Grenze zu Kaschmir. Im Haus war so eine Art Kamin, der offenbar im Winter geheizt wurde. Durch den fauchte die ganze Nacht der Wind hindurch. Ich fühlte mich schrecklich ausgesetzt. Einer meiner Mitarbeiter hatte das wohl bemerkt und holte sich eines dieser in Pakistan üblichen, geflochtenen Bettgestelle, einen Charpoy, in das Nebenzimmer. Dieses Bett knarrte jedes Mal unsäglich, wenn er sich umdrehte oder sich bewegte. Aber das störte mich überhaupt nicht. Denn es war das beruhigende Zeichen, dass ein Mensch da war. Das genügte.

Karakorum-Highway

Unvergesslich bleiben die frühen Fahrten auf dem Karakorum-Highway. Das waren pure Angststrecken. Nicht ohne Grund. Bei den mehr als abenteuerlichen Straßenverhältnissen und dem Streckenverlauf durch die Indusschlucht. Wenn man oben heil ankam, war man jedes Mal erstaunt, dass es wieder gut ausgegangen war. Natürlich wurden unterwegs auch nur die Gruselgeschichten von den Fahrten erzählt, die nicht gut ausgegangen waren. Das waren die Geschichten von den Bussen, die bei den plötzlich auftretenden Bergrutschen mit in die Indusschlucht hinunter gerissen worden sind. Niemand hat dann auch nur die Überreste gefunden oder jemanden lebend herausholen können.

Damals habe ich das nicht reflektiert. Heute, nach fünfzig Jahren Reisen durch das wilde Land, frage ich mich: Warum waren es immer die anderen? Warum ist mir nichts Ernstliches widerfahren? Damals war ich nur damit beschäftigt, durchzukommen. Ich fühlte mich gegenüber meinem Team verpflichtet, keine Angst aufkommen zu lassen oder zu zeigen. Denn nichts ist so ansteckend, wie wenn jemand auf einer solchen Straße im Jeep Angst bekommt! Das ganze Team ist dann einsatzunfähig. Dann kann man wieder umkehren. Das geht jedoch auch nicht. Aber das hat mich damals keine Kräfte gekostet. Ich habe es genossen!

Immer die Flucht nach vorn

Ich wollte unbedingt nach Waras, einem Dorf in Zentralafghanistan. Warum, wusste ich nicht. Irgendwann muss ich einmal Patienten aus Waras gehabt haben. Wir waren kurz vor dem Ziel, mussten aber die letzte Nacht davor in einem anderen Dorf zubringen. Dort wurden wir herausgerufen zu einem Patienten. Die Mudschaheddin, also die sog. Freiheitskämpfer, haben uns aber nicht erkannt als jemand, der von ihnen gerufen wurde. Sie begannen auf uns zu schießen. Wir sind nur ganz knapp dem Kugelhagel entkommen. Da wollte das Team dann nicht mehr weiter. Wir hatten vorher ausgemacht: Wenn einer Nein sagt und sechs sagen Ja, dann gilt die Neinstimme. Einige wollten wirklich nicht mehr weiter. Sie fragten: „Warum müssen wir denn unbedingt nach Waras?" Da ging mir auf: Nur weil *ich* wollte! Also sind wir zurückgefahren!

Beim nächsten Mal sind wir dann bis nach Waras gekommen. Damals hat mir das eben Spaß gemacht. Ich gehörte zu den Menschen der Generation, die sich sowieso ihre Kicks verschafft hätte. Dankbar bin ich dafür, dass mir mein Leben diese Möglichkeit zu sinnvollen Highs verschafft hat. Verschafft hätte ich sie mir auf alle Fälle!

Sympathie für das Risiko

Ich habe eine ausgeprägte Sympathie für das Risiko. Sonst hätte ich das Leben nicht leben können, das ich gelebt habe. Meine Fähigkeit zum Risiko und meine Risikoneigung haben mich immer angetrieben. Im Rücken dieser Neigung zum Risiko standen die Erfahrungen des Zweiten Weltkrieges. Ich bin eben nicht in einem Klima der Geborgenheit aufgewachsen.

Der Herrgott, mein Partner, war dabei, nicht nur in meinem Rücken, sondern rundum. Er war mit mir auf dieser Flucht nach vorn. Dabei hat er mich an seiner Hand gehalten. Das war meist eine Erfahrung entgegen allen Erwartungen. Erwartet habe ich immer Katastrophen. Ich bin nie ins Bett gegangen, ohne die Fluchtwege festzulegen und ohne zu überlegen, wie wir im Falle einer Katastrophe entkommen könnten. Für den Fall, dass jemand angreift, dass Feuer ausbricht oder die Erde zu beben beginnt. Nie habe ich schlafen können, wenn die Tür nicht richtig verrammelt war. Ich konnte im Freien schlafen, wenn vier oder fünf Betten um mich herum aufgebaut waren. Das war etwas anderes. Ich war verliebt in die Überwindung von Angstsituationen.

Mein Traum: das Elend wirklich abschaffen

Angefangen hat alles in Pakistan mit dieser spontanen und stark emotional motivierten Reaktion auf das Elend in der Lepra-Kolonie in Karachi. Da ich ein Kriegs- und Nachkriegskind bin, habe ich immer davon geträumt, irgendwo auf der Welt irgendwelches Elend abschaffen zu können, wirklich abzuschaffen. In Karachi bot sich mir die Möglichkeit dazu ganz konkret und unmittelbar. Es lag in meinen Händen, etwas zu tun, anzugreifen. Übrigens nicht ich, sondern meine mexikanische Mitschwester Bernice Vargas ist als erste in das Lepracamp hinter dem Hauptbahnhof von Karachi gekommen. Aber sie und die erste Gruppe haben dort nicht systematisch und strukturell gearbeitet. Das hat erst begonnen als wir gemeinsam anfingen.

Die ersten Jahre waren ein Abenteuer. Das hat es mir auch einfacher gemacht, die Dinge, so wie sie waren, zu ertragen.

Der tausendste Patient

Wir waren gerade in das neue Krankenhaus eingezogen, als der tausendste Patient kam. Welch ein Ereignis: der tausendste Patient! Die Stimmung war entsprechend – bis der Patient, sichtlich verletzt, uns wissen ließ, wie *er* darüber dachte: „... Ich kann nun wirklich nicht verstehen, welcher Anlass zur Freude es ist, dass ich Lepra habe!" Ich war betroffen. – Wie hatten wir nur so unbekümmert die Gefühle des Patienten verletzen können?

Jetzt mussten wir sehen, was sich von der Situation noch retten ließ.

„Wir hätten es erklären sollen", sagte ich, „wir sind so froh, dass Sie noch zur rechten Zeit gekommen sind! Wir können Sie noch völlig ausheilen. Zwei Wochen später, und die Krankheit hätte vermutlich bleibende Schäden hinterlassen, oder zumindest hätten wir dann operieren müssen." Er wollte mehr wissen. Wir saßen eine ganze Zeit zusammen. Am Ende zahlte er die Rechnungen für die beliebten runden Süßigkeiten, Ladus, die bei der Geburt des Stammhalters verteilt werden, und für Coca Cola, mit denen wir unseren tausendsten Patienten feierten!

Der Beginn der systematischen Arbeit

Wir hatten eine Landkarte von Pakistan. Überall wo ein Leprafall herkam, steckten wir eine bunte Nadel in die Karte. Dabei wurden Krankheitsherde, Lepranester sichtbar. Dorthin sind wir dann gereist. Die Analyse erwies sich als richtig, mit einer Ausnahme: In Quetta, der Hauptstadt Baluchistans, waren übermäßig viele Leprapatienten. Die kamen aber fast alle aus Afghanistan. Sie hatten sich als Bewohner Baluchistans registrieren lassen, um nicht als Ausländer enttarnt zu werden. Aber alles andere stimmte. Von diesem Zeitpunkt an haben wir mit der systematischen Leprakontrolle, mit der medizinischen Planung zur Bekämpfung dieser Krankheit im ganzen Land begonnen. Angefangen haben wir im Norden, im Swat. Da, von wo sich 2009 drei Millionen Flüchtlinge auf den Weg gemacht hatten. Deswegen geht mir das so nahe.

Im Swat-Tal war unser Anfang. Einer unserer ersten Lepraassistenten kam von dort, Sultan Mohammed. Mit ihm hatte ich mich verabredet.

Um diese Zeit wollte mich meine Oberin nicht allein reisen lassen. Mother Doyle war ein Schrank von einer Frau und schon über siebzig, eine ungewöhnliche Person. Es war ein ausgesprochenes Abenteuer, bis wir diese Frau überhaupt in einen der Busse mit den hohen Einstiegen gehievt hatten! Wir mussten die Benzinkanister, die man zur Fahrt in die Berge brauchte, übereinanderlegen, damit sie überhaupt hochkam und im Bus Platz nehmen konnte. Wir hatten sehr viel Spaß!

Aber Mother Doyle war entschlossen und überaus tapfer. In Peshawar hatte ich mich mit Sultan nicht vernünftig verabredet, wir trafen uns also einfach in dieser Stadt nicht. Deswegen hat Mother Doyle sich dann entschlossen, ein Taxi nach Pirpaba zu nehmen. Aber dann trafen wir überraschend doch noch Sultan, der auch schon nach uns gesucht hatte. Ich war so glücklich darüber, dass mir in diesem Augenblick die Fremde, in der ich mich befand, zu so etwas wie einer Heimat wurde, nur weil ich nun einen Menschen hatte, der mich kannte und den ich kannte, der die Sprache beherrschte und sich in der Gegend zurechtfand. Das ganze feindliche Peshawar war plötzlich ein Ort, an dem ich mich willkommen fühlte. Wir sind dann doch mit dem Bus ins Gebirge gefahren, weil Sultan ja wusste, wo man einsteigen, wo man umsteigen und aussteigen musste.

Durch Sultan habe ich zum ersten Mal erfahren, was es heißt, nach Hause zu kommen. Meine Generation kannte dieses Gefühl und diese Erfahrung praktisch nicht: Wie es ist, wenn man nach Hause kommt, und dieses Zuhause ist intakt.

Es war ein Abenteuer und hat Spaß gemacht

Von Swat aus haben wir dann schrittweise die Außenstationen im ganzen großen Land gegründet. Angefangen haben wir im Jahre 1965. 1971 war das Netz geknüpft. Das waren in jeder Hinsicht verrückte Jahre. Wenn ich noch an die Region im Norden denke! Die Gegenden von Azad Kaschmir, die um Gilgit, Hochgebirge, Himalaja, Hindukusch, Karakorum, ohne jede Infrastruktur! Es war wirklich in jeder Hinsicht ein Abenteuer.

Die Provinzregierungen haben unsere Arbeit von Anfang an unterstützt. Wenn sich Skepsis zeigte, wie etwa in Azad Kashmir, wo das Militär damals das Sagen hatte, haben wir durch unsere Tatkraft überrascht. Die zwei jungen Frauen, Jeannine und ich, haben Eindruck gemacht. Das war etwas Neues, Ungewöhnliches. So etwas hatte es so noch nie gegeben. Die Militärregierung, die auch für zivile Bereiche zuständig war, hat uns einen Jeep zur Verfügung gestellt und uns großzügig durch Azad Kashmir befördert.

Als ich aber nach dieser ersten Fahrt, bei der wir eine Menge Leprafälle gefunden hatten, sagte, dass nun die Arbeit beginnen sollte, waren weder ein Auto noch sonst etwas da. Wir sind dann mit einem Lastwagen nach Azad Kashmir gefahren und haben uns per Anhalter fortbewegt. Das war ein großes Abenteuer und hat viel Spaß gemacht.

Danach sind wir mit dem einzigen Wagen, den wir in Karachi hatten, die zweitausend Kilometer bis Rawalpindi gefahren und haben von dort aus das Hochland bereist. Durch das Auto hatten wir wenigstens die Miniprivatsphäre, die jeder braucht – wenigstens wir Menschen aus dem

Westen –, um menschenwürdig leben zu können. Die Wagen (und ihre Fahrer!), die uns relativ unabhängig machten, spielten von Anfang an eine wichtige Rolle.

Improvisation ist eine Tugend

In Baluchistan war es immer wieder ein Problem, die Autos, die sich im Wüstensand festgefahren hatten, wieder frei zu bekommen. Das schafften wir nicht zuletzt wegen des unternehmungslustigen, risikofreudigen Teams von Leprahelfern. In der Sandwüste von Makran sind die ersten Teams von Leprahelfern noch mit dem Motorrad unterwegs gewesen. Jedenfalls haben wir in dieser Zeit gelernt, was Improvisation heißt. Dass man zum Beispiel einen undichten Benzintank mit Schmierseife wieder abdichten kann.

Einmal sind wir abends, es wurde schon dunkel, eine Düne hochgefahren und stecken geblieben. Der Wagen nahm keine Steigung. Auch das hat das Team geschafft – mit einem Schnürsenkel, den sie an der richtigen Stelle anknoteten. Es war einfach unglaublich, mit welcher Phantasie sie die unmöglichsten Situationen bewältigten.

Wenn die alten Blattfedern am Auto zu Bruch gingen, haben die Jungs einen Autoschlauch zerschnitten und um die lädierte Federung gewunden. Auf diese Weise sind wir dann immerhin noch 160 Kilometer weiter gekommen.

Anfängergeist

Es waren wilde Jahre. Einfach waren die Situationen nicht. Aber wir waren in dem Alter, in dem man solche Sachen nicht nur leicht wegsteckt, sondern genießt.

Viele Geschichten aus jener Zeit fallen mir ein, die alle diesen Anfängergeist atmen. Was wir alles trotzdem möglich gemacht haben! Heute würde das kaum einer mehr tun, es ist auch nicht mehr nötig, denn wir sind besser organisiert. Aber geblieben sind das Faktum und die Erfahrung, dass man in Pakistan nicht durchkommt, wenn man nicht improvisiert.

Daud war einer unserer Leprahelfer, ein Franziskanerpater, der sich freiwillig auf einen der schwierigsten Posten im Projekt gemeldet hatte. Er hatte ein Motorrad. Einen Ersatzreifen konnte er auf die Fahrten nicht mitnehmen, weil dafür auf dem kleinen Motorrad kein Platz mehr war. Als der Reifen, was häufig geschah, platt war, stand er mitten in der Steppe und wusste nicht, wie er ihn aufpumpen sollte. Da überholte ihn ein anderer einsamer Motorradfahrer, stoppte und fragte: „Du scheinst nicht von hier zu sein? Wir haben Glück: Siehst du die niedrigen Palmbüsche hier? Davon nimmst du zwei Blätter und bindest das Loch im Schlauch ab. Dann pumpst du den Reifen wieder auf und kannst sieben Kilometer weiterfahren." Daud ist 70 Kilometer gefahren und am Ziel angekommen!

Solche Geschichten ereignen sich heute kaum mehr. Da hat sich etwas verändert. Wir versuchen, solche Situationen zu verhindern – dass jemand ohne Ersatzreifen fahren muss. Die Bürokratie hat ihre Vor- und Nachteile. Ich spüre das auch in unserer Arbeit im MAC, dem Marie Adelaide Leprosy Center: Die Bürokratie nimmt überhand. Die Zahl der Formulare steigt und steigt. Wir müssen voraussehen, was wir alles machen und erreichen wollen, und berichten, was wir alles gemacht haben. Das ist eine Überforderung angesichts der Wirklichkeit. Was wissen wir denn, was in drei Monaten, in einem halben Jahr, in einem Jahr sein wird? Was tun? Wir schätzen einfach.

Im Westen ist das anders: Man plant und kann dann das Geplante auch durchführen, hat die Mittel und die Energie dazu. Bei uns in Pakistan kann man nicht so planen. Wenn etwas Unvorhergesehenes eintritt, dann werden Energien wach. Dann fühlt man sich gefordert, fühlt sich in seinem Element. Dann kann man etwas machen. Diese Fähigkeit zur Improvisation geht durch den wachsenden Zwang zur Planung langsam verloren.

Eine Lücke zwischen den Kulturen

Das hat auch zu tun mit dem in Asien grundlegend anderen Verhältnis zur Zeit. Da klafft eine Lücke zwischen den Kulturen.

Es fehlt auch an Vertrauen. Wenn ich in Richtung Westen sage: „Gebt mir Geld, dann kann ich damit arbeiten!", wird man dort skeptisch bis misstrauisch. Man gibt lieber eine erste Rate und nach entsprechender Prüfung dann die zweite. Das erschwert es sehr, an das nötige Geld zu kommen. Vor allem an Geldquellen aus dem Westen. Da stoßen sich zwei grundverschiedene Mentalitäten hart im Raum. Wenn zum Beispiel ein Termin im Norden des Landes, in Gilgit, nicht eingehalten werden kann, weil kein Flugzeug fliegt und kein Helikopter starten kann (den wir sowieso nicht haben), und man auf dem Landweg über den Karakorum-Highway schnell durch einen unvorhersehbaren Erdrutsch ein paar Tage festsitzt: Das ist die Wirklichkeit Pakistans. Aber die muss man im wahrsten Sinne des Wortes er-fahren haben, sonst kann man sie nicht verstehen. Man kann Unvorhersehbares nicht in einem Antrag spezifizieren. Das Unvorhersehbare ist in Pakistan aber das Vorhersehbare. Natürlich müssen wir Rahmenbedingungen aufstellen und sie immer wieder neu den Realitäten anpassen. Bei einem Projekt hatten wir einen Zeitraum von drei Jahren vorgesehen. Acht Jahre haben wir gebraucht.

Ich erinnere mich auch an sehr schwierige Phasen in unserer Lepraarbeit, in denen wir die ganze Sache satt hatten. Viele unserer Patienten hatten sich sehr gut gebessert durch das DDS, das damals übliche Medikament gegen Lepra. Aber sie mussten eben ihr ganzes Leben dieses DDS einnehmen. Ein schier unüberwindliches Hindernis im Kampf gegen die Krankheit. An einer Geschichte wurde das ganze Problem augenfällig. Wir hatten ein sechs- oder siebenjähriges Mädchen in Behandlung genommen. Es hatte sich sehr gut gemacht. Die Lepraflecke waren komplett verschwunden. Als sie achtzehn Jahre alt wurde, sollte sie verheiratet werden. Niemand sollte erfahren, dass sie leprakrank war. Nun stellte sich die Frage, wie diese Behandlung weiter durchzuführen sei. Das Mädchen konnte nicht kochen. Es kam also zur Mutter. Damit waren aber schon einmal die Nachuntersuchungen unmöglich geworden. Wie sollte sie das Medikament einnehmen? Diese Frauen haben ja noch nicht einmal einen Platz, an dem sie etwas privat aufbewahren können. Wo sollte sie also diese weißen Tabletten hintun? Die Mutter konnte ja nicht jeden Tag zu ihr kommen und sie ihr verabreichen! Solche Probleme waren kaum zu lösen. Die Situation vor Ort war unvorstellbar schwierig.

Wir waren also sehr froh, als wir das neue Medikament bekamen, mit dem man die Krankheit in zwei Jahren ausheilen konnte. In Mogadischu, bei einer Zusammenkunft der Weltgesundheitsorganisation der Vereinten Nationen, der WHO, ließen wir es uns erklären und haben diese Behandlungsform danach ganz strikt durchgeführt, ohne auf irgendwelche äußeren Schwierigkeiten oder Hindernisse Rücksicht zu nehmen. Dadurch hatten wir verhältnismäßig wenige Rückfälle.

1996 war es dann soweit: Nach den WHO-Kriterien hatten wir die Lepra im Griff. Besiegt hatten wir sie nicht! Sie insgesamt auszurotten, geht nicht. Aber wir haben sie im Griff. Das war der große Erfolg: *im Griff,* nicht ausgerottet! Das kann man nicht, wegen der Inkubationszeit von zwei bis fünf oder sogar 40 Jahren.

Meine Freundin Jeannine

Bei einem Rückblick auf 50 Jahre in Pakistan darf auf keinen Fall meine Freundin und Mitschwester Jeannine fehlen.

Jeannine und ich sind am Anfang intensiv gemeinsam in der Lepraarbeit tätig gewesen. Sie war schon dabei in der Bretterhütte des ersten Lepracamps, in der wie die ersten Behandlungen durchführten. Nach Karachi war sie durch die Jugendarbeit der Christlichen Arbeiterbewegung, CAJ, in Belgien gekommen. Der Bischof von Karachi hatte sie angefordert. Zu dieser Zeit war sie noch keine Ordensfrau. Sie war noch sehr jung. Neunzehn. Später hat sie auch in der Jugendarbeit mit Mädchen in Karachi gearbeitet. Da sie auch Krankenschwester war, habe ich sie mir vom Bischof ausgeborgt und sie ist dann mehr und mehr in der Lepraarbeit geblieben. Wir haben dann die Leprakolonie verlassen und mit der Außenarbeit angefangen.

Die ersten abenteuerlichen Fahrten nach Azad Kaschmir, in die Northern Areas, haben wir zusammen mit dem Jeep gemacht. Das waren unvergessliche und eindrückliche Erfahrungen und Erinnerungen, die unsere Freundschaft begründet und befestigt haben. Wir haben uns sehr gut verstanden, haben viel über Tod und Leben miteinander diskutiert, weil wir ja immer auf der Kippe standen.

Jeannine war in einem sehr katholischen Milieu aufgewachsen. Das fand ich immer lustig. Und sie fand es herrlich, dass man so ein Leben wie ich führen und trotzdem voll Nonne sein konnte. Sie hatte keine vollständige Ausbildung als professionelle Krankenschwester, sondern war eine Art Hilfsschwester. Das wusste ich am Anfang nicht. Das hatte damals auch keine Bedeutung. Dann sind wir aber doch gemeinsam zu der Überzeugung gekommen, dass es besser sei, wenn sie die vollständige Ausbildung noch machen würde. Sie ist also nach Belgien zurückgereist. Dort ist sie nach langem Hin und Her in den Orden eingetreten, hat ihr Noviziat gemacht und ist erst dann wieder nach Karachi zurückgekehrt. Das war 1971. Von da an ist sie immer in Land geblieben und hat dann im Krankenhaus gearbeitet.

Was an Jeannine wirklich faszinierend war: Sie fing irgendetwas an, organisierte es, übergab es dann an Einheimische und nahm den nächsten Job in Angriff.

Bei der ersten Fahrt nach Azad Kaschmir sind wir dorthin auf Einladung der Regierung gefahren, im Jeep. Das zweite Mal in einem Lastwagen. Das dritte Mal mit ihrem kleinen Mazda. Und auf dieser Fahrt ging es dann auch noch weiter in die nördliche Grenzprovinz. Ich erinnere mich vor allem noch an eine Situation auf dieser Tour: Wir hatten das Auto unten im Tal geparkt. Den Rest der Strecke mussten wir zu Fuß zurücklegen. Es hatte stark geregnet. Deswegen war der Fluss so angeschwollen, dass er unseren Mazda mitriss. Das Auto hatte sich weiter unten zwischen zwei Bäumen verfangen. Als wir die Kühlerhaube öffneten, war sie voll mit abgerissenem Gras. Wir haben dann alles sauber gemacht und versucht, den Motor wieder anzulassen. Das hat wunderbarerweise geklappt und wir konnten weiterfahren.

Wenn wir tief in die Berge mussten, dann sind Jeannine und ich auf einen kleinen Zweitakterjeep, einen Suzuki umgestiegen. Der roch wie ein Trabi. Ich hatte diesen Geruch noch von einem Besuch in Leipzig in der Nase. Die ganze Stadt roch damals danach. Dieses Auto war nicht kleinzukriegen und hat uns unschätzbare Dienste in diesem schwierigen Gelände geleistet.

Jeannine war mir zeitlebens eine große Hilfe. Einmal sind wir im Fastenmonat der Muslime, im Ramadan unterwegs gewesen. Da konnte man den ganzen Tag arbeiten, ohne immer hinter dem Essen herzurennen. Für mich war das gar nicht schlecht. Aber Jeannine konnte das nicht und wir haben die Tour abgebrochen, weil sie sonst kräftemäßig schnell abgebaut hätte. Wir haben dann in Murree im Norden, einem früheren vornehmen Kurort während der Engländerzeit, mit Priestern zusammen Exerzitien gemacht. Sie haben uns beide in ihre Exerzitiengruppe aufgenommen.

Später ist sie dann nach Manghopir übergesiedelt, draußen vor Karachi. Manghopir war um diese Zeit noch Steppe, kein Wohngebiet. Da hörte man nachts noch das heisere Gebell der Hyänen und tagsüber die Glöckchen der vorüberziehenden Kamelkarawanen. Jeannine war dort mit einer Gruppe von Mädchen aus dem Punjab, die in den Orden eintreten wollten. Manghopir war ein sehr einsamer Ort. Aber Jeannine hatte keine Angst. Sie ist offenbar ohne Angst auf die Welt gekommen. Im Gegensatz zu mir. Danach hat sie in Manghopir zuerst einen

Kindergarten aufgemacht und dann eine Schule eröffnet. Sie hat das alles ganz selbstständig entwickelt, ohne dass ihr dabei jemand geholfen hätte. Aber bei all diesen Manghopir-Projekten eben auch, ohne dass sie irgendjemandem die Chance gegeben hat, mitzumachen. Darüber war ich erstaunt. Das war plötzlich anders als vorher im Krankenhaus in der Stadt, wo sie sofort ihren Nachfolger eingearbeitet hat. Manghopir wurde und war ihr Reich. Das hat dann später zu Schwierigkeiten geführt, als sie gesundheitlich nicht mehr konnte. Es ist nie gut, wenn nur ein Einziger oder eine Einzige eine solche Arbeit macht.

Jeannine hat ein atemberaubendes Gottvertrauen: Alles Geld kommt in einen Topf und wenn man etwas braucht, dann kann man es sich herausholen. Und Gott wird dafür sorgen, dass sich das Geld in diesem Topf wie von selbst wieder vermehrt. Dass so etwas heute in einem Entwicklungsprojekt nicht mehr geht, konnte Jeannine niemals begreifen. Ich frage mich immer wieder, wie sie das Ganze aus dem buchstäblichen Nichts aufgebaut hat. Zum Geld hatte sie nie ein nüchternes Verhältnis. Ich habe sie immer bewundert, mit welcher Konsequenz sie gearbeitet hat, auch ohne es ebenso konsequent zu dokumentieren. In dieser Hinsicht habe ich sie nie verstanden.

Sie hat mir aber sehr gut getan, weil sie sehr extrovertiert ist und eine große Fähigkeit zur Gemeinschaftsbildung hat. Wenn Jeannine ein Zimmer betrat, herrschte sofort richtig Stimmung. Sie hat meine schwermütige und analytische Veranlagung durch ihr Schmetterlingstemperament ergänzt. Gerade in der Pionierzeit bedarf es solcher Menschen.

Jeannine lebt heute immer noch in Manghopir, aber sie ist schließlich freiwillig aus dem Management ausgeschieden. Sie ist nicht mehr gesund genug. Aber schwierig war das schon, und es ist es noch und wird es auch noch bleiben.

Jeannine war für mich Freundin, Mitschwester. Wir konnten alles miteinander bereden. Wir haben weitgehend die gleiche Spiritualität. Sie war Copilotin, die aber auch auf eigenen Füßen stehen und eigene Projekte durchführen konnte. Das habe ich sehr genossen und das hat mich entlastet. Vor allem auch weil sie gut und gerne mit Mädchen arbeiten konnte, was mir selber eher schwergefallen ist.

Sie war auch ein Erforschertyp. Sie hat angepackt, nicht gezögert. Sie hatte eine positiv aggressive Einstellung. Für mich war sie ein großes Geschenk. Einmal hat mich die Generaloberin meines Ordens, eine Italienerin, mit der ich mich überhaupt nicht verstand, in Karachi besucht. Sie meinte, dass ich durch meine Erfolge viel zu stolz geworden sei. Ich habe ihr geantwortet: „Ich bin nicht doof genug zu meinen, dass ich das alles selbst gemacht hätte oder selbst hatte tun können."

Ohne die Begleitung von solchen außerordentlichen Menschen wie Jeannine wäre das Projekt nie ein solcher Erfolg geworden. Das sind wirkliche Zu-Fälle. Es muss jemanden geben, der zufallen lässt.

Jedenfalls war Pakistan unser Erfahrungsfeld. Ein Land voller Widersprüche, voller Geheimnisse und Gefahren. Groß und weit. Einladend und abweisend zugleich. Aber ein Land, das wir beide liebten.

Pakistan verdient Sympathie

Zum Beispiel Buner

Buner, ein Distrikt im Swat-Tal, im Norden Pakistans, war der erste Platz, an dem ich gewesen bin, als ich mich entschlossen hatte, mein Arbeitsfeld über den Raum Karachi hinaus auszudehnen.

Heute ist das ein sehr unruhiges Gebiet, in dem die Taliban sich festgesetzt haben. Sie kommen und gehen und verüben immer wieder terroristische Anschläge und Selbstmordattentate. Die Menschen, die dort leben, wollen das nicht. Die Versammlung der Ältesten, die Jirga, hat sie aufgefordert, den Distrikt zu verlassen. Dieser Aufforderung haben sie zunächst Folge geleistet. Dann aber sind sie wiedergekommen. Einige sind auch gar nicht gegangen, weil sie ihre Familien in Buner hatten.

Wenn die Taliban wieder einmal einen Anschlag verüben, dann wird in den westlichen Medien groß und plakativ darüber berichtet und alles wird so aufgebauscht, dass man der Meinung sein könnte, es herrsche dort nur noch Mord und Totschlag – und das noch im Namen des Islam. Von daher kann ich verstehen, dass Menschen im Westen kein Geld mehr spenden wollen, wenn sie nur von katastrophaler Gewalt hören und lesen. Dem ist aber nicht so! Wenig oder gar nicht wird berichtet, wie viel gute Arbeit dort auch geleistet wird.

Islam ist nicht gleich Terrorismus

Seit dem 11. September 2001 herrscht in fast allen westlichen Medien die Gleichung: Islam ist gleich Terrorismus. Die großen deutschen Zeitungen haben keine ständigen Korrespondenten im Land, die für eine differenzierte Berichterstattung sorgen könnten. Sie kommen in der Regel aus Indien. Wenn man aber nur mal eben hinfliegt, für ein paar Tage, dann bekommt man natürlich nur ein paar oberflächliche und einseitige Eindrücke. Das ist reiner Besuchsjournalismus. Es gibt auch wenig wirklich informative Bücher über Pakistan. Man ist meistens nicht bereit, sich mit der komplexen Lage im Land und mit der vielfältigen Erscheinungsweise des Islam in Pakistan zu beschäftigen.

Pakistan genießt keine Sympathie in der Welt, weil man es nur aus dieser verengten Sicht von Journalismus und Politik kennt.

Wenn man für Pakistan Sympathie gewinnen will, dann muss man sich auf die Ebene der Leute begeben. Pakistan verdient Sympathie. Ich meine sogar, dass wir zu Sympathie geradezu verpflichtet sind. Vieles von dem gegenwärtigen Durcheinander im Land geht ja auf die Interventionen der großen Mächte zurück, vor allem die militärischen Interventionen.

Pakistan und Afghanistan: untrennbares Schicksal

Man kann das Schicksal Pakistans nicht von dem Afghanistans trennen. Die radikalen Muslime, die Wahabiten, die von Saudi-Arabien bis heute mit Macht und Geld unterstützt werden, haben ja in Afghanistan angefangen, bevor sie in Pakistan eine Chance bekamen. Der eigentliche Schub der radikalen Islamisierung wurde durch den wahabitischen Islam ausgelöst. Auch Osama bin Laden kommt aus der wahabitischen Schule. Der Islamisierungsschub datiert aus der Zeit, in der die Amerikaner Afghanistan überfallen haben. Danach bekamen wir eine mehrheitlich islamistische Regierung in der nordwestlichen Grenzprovinz. Vorher gab es diese bedrohliche Situation nicht. Die Radikalisierung dort und in anderen Teilen des Landes begann nach dem Überfall der Amerikaner Ende 2001. Danach waren auch die einfachen Leute für die radikalen Muslime. Überrascht hat mich, dass sich das nicht negativ auf unsere Arbeit ausgewirkt hat. Wir konnten genau so weiterarbeiten wie vorher, wurden nirgendwo behindert.

Man hat sich in Europa und Amerika zu sehr an ein virtuelles Leben gewöhnt, an ein Leben aus der Dose. Wenn man dieser Dose nur Schreckensnachrichten aus Pakistan entnimmt, dann erleidet man Wirklichkeitsverlust. Der gesunde Menschenverstand müsste einem doch sagen, dass 160 Millionen Pakistani, wenn nicht gerade Krieg ist, nicht ständig in Luftschutzkellern leben. Klar, Übergriffe der Taliban können überall geschehen und sie geschehen auch häufiger gegenüber früher. Das hat sich geändert. Die Taliban-Kampfgruppen erklären keinen Krieg, sie kommen überraschend, verüben einen Anschlag, gehen wieder weg. Dann herrscht wieder, zumindest eine gewisse Zeit, Ruhe. In Deutschland hört und liest man nur „Taliban, Taliban, Taliban". In Pakistan ist das nicht so. Eine kurze Zeit lang waren sie auch in Pakistan in aller Munde, als sie sagten: „Wir stehen zum Kampf bereit!" Aber das war nicht mehr als psychologische Kriegsführung und ist als solche erkannt worden. Dass diese Talibanisierung aber die ethnischen und inter-konfessionellen Unterschiede im Land verschärft hat, ist tatsächlich sehr beunruhigend.

Das zweite wirkliche Problem ist die atomare Bewaffnung des Landes. Darüber möchte ich gar nicht nachdenken. Die Gefahr existiert real und sie macht mir Angst. Sicher wissen auch die Taliban, wo die Atombombe gelagert ist. Aber so einfach ist das auch nicht, dass sie da schlicht hinmarschieren und sie zur Explosion bringen könnten. Man soll auch nicht zu viel Angst haben. Wenn man nah dran ist, sieht die Welt auch in Pakistan anders aus als aus der Ferne.

Wer sind die Taliban?

Die Taliban sind Fundamentalisten. Fundamentalisten gibt es in jeder großen Religion. Das Phänomen ist bekannt. Ihre Haltung und ihre religiöse Praxis sind nicht reflektiert. Für sie gilt: Was im Heiligen Koran geschrieben steht, ist nicht interpretierbar. Was dort steht, ist wörtlich zu nehmen und muss eins zu eins beachtet und durchgeführt werden.

Die meisten Mitglieder der Taliban können weder lesen noch schreiben. Wie man den Heiligen Koran verstehen und leben soll, das sagen ihnen die Maulanas, ihre Vorbeter. Was sie ihnen sagen, ist Gebot. Ohne Wenn und Aber. Das Ganze ist nichts anderes als ein autoritäres System, das Menschen in seinen Dienst nimmt.

Lange vor der Talibanzeit hatten wir einmal ein gutes Gespräch mit einem Stammesältesten über Blutrache. Wir sagten ihm, dass doch im Heiligen Koran stehe, dass wer einen Menschen töte, die ganze Menschheit töte. Der Stammesälteste bestätigte, dass das stimme. Er fügte hinzu, dass es jedoch gottgefällig sei, wenn man einen Menschen um der Ehre willen töte. Auf die Bitte, mir einmal die Sure des Koran zu nennen, in der das geschrieben stehe, antwortete er: „Tut mir leid, ich kann weder lesen noch schreiben. Das hat uns aber unser Mullah in der Moschee gesagt." Seitdem nennen wir das die „Stammes-Sure". Sie existiert nicht.

Die Taliban haben kein Credo, sie haben kein Parteiprogramm – außer dass die Scharia das allein bestimmende Gesetz sein soll.

Wer der Drahtzieher der Taliban in Pakistan ist? Man sagt, es sei Faizullah. Sicher ist: Faizullah ist heute der entscheidende Taliban im Swat. Die Polizei und die Armee konnten ihn noch nicht schnappen. Aber das kann sich auch rasch ändern.

Ursprünglich war es wohl so, dass die frustrierten Jugendlichen aus den afghanischen Flüchtlingslagern in Pakistan das, was sich in ihrem Heimatland ereignete, nicht mehr ertragen konnten. So zogen sie nach Afghanistan, um das Land von den Stammesältesten zu befreien, die sich an den Habenichtsen im eigenen Volk schamlos bereicherten. Diese Jugendlichen waren unbescholten. Sie haben am Anfang keine radikalen Forderungen gestellt. Aber dann haben sie erklärt: „Fernsehen und Musik sind Werkzeuge des Teufels!" Wer die Taliban in Pakistan so radikalisiert hat, das weiß ich nicht. Mag sein, dass dabei auch ein diffuser Hass gegen den Westen und seine Lebensweise, seine Gottlosigkeit, eine Rolle spielt. Sicher auch das mangelnde Vertrauen in die korrupten Regierungen in Pakistan. Viele

der Pakistani haben einen erkennbaren Minderwertig-
keitskomplex gegenüber den „Weißen" aus dem Westen.
Das macht die Zusammenarbeit mit ihnen nicht leichter.
Wenn man ihnen dann noch vorwirft, dass alle Muslime
Terroristen sind, dann glauben sie es eines Tages und ver-
halten sich entsprechend.

Verschleierte Frauen

Nur ein kleines Beispiel zur Islamisierung: Vor einigen Jahren war es noch schwierig, in Pakistan eine Frau zu finden,
die verschleiert war. Vielleicht draußen auf dem Land.
Heute ist das fast die Normalität in den Straßen von Karachi. Dass sich hier etwas verändert hat, ist offensichtlich. In
Peshawar sieht man die Frauen heute fast nur noch in den
Ganzkörper-Burkas, die sie wie Zelte über sich werfen. Das
ist eine richtige Mode geworden. Einer meiner Mitarbeiter
sagte mir jetzt: „Wenn Sie heute schnell zu Geld kommen
wollen, dann produzieren Sie am besten Burkas. Das ist
Mode. Man trägt eben eine Burka."

Im Grunde ist die pakistanische Gesellschaft auf der Suche nach einer Identität. Die praktizierte Religion bietet
sich hier an. Die Theologie des Islam spielt dabei vermutlich eine untergeordnete Rolle. Es geht eher um ein Le-
bensgefühl. Das muslimische Milieu macht die Vorgaben:
wie man sich anzieht, was man isst, wie man betet, wie
man aufsteht, wie man die Feiertage hält, wie man fastet.

Vor Jahren noch war es eine Sensation, als Dr. Zarina,
eine pakistanische Ärztin, die für uns gearbeitet hat, den
Ramadan dazu benutzte, durch Fasten ihre Figur positiv

zu beeinflussen. Heute fastet fast jeder. Aber die Bewegung verbleibt im Rituellen. Wenn ich von Identitätssuche spreche, heißt das: Man ist eben Muslim und deshalb macht man das so. Das hat nichts Aggressives an sich. Das ist ein Trend, ist eine Mode.

Dass Mädchen nicht zur Schule gehen sollten, fällt nicht darunter. Der Islam ist durchaus für Schulbildung für alle. Gewaltanwendung wird von den Muslimen dieser Richtung abgelehnt.

Es gibt aber auch spürbar den anderen Trend. Wenn jemand eine Chance hat, nach Amerika oder nach Kanada auszuwandern, dann nimmt er sie wahr. Jeder, der das Land verlassen kann, verlässt es. Wenn dann die Ausgewanderten im Einwanderungsland in ein Ghetto gesteckt werden, dann werden die Rituale noch einmal wichtiger. Dann sind sie identitätsstärkend angesichts einer fremden oder vielleicht sogar feindlichen Umwelt. Dann werden diese Menschen eingefroren in ihrer kulturellen und religiösen Entwicklung.

Extremisten machen immer Angst

Die Angst in Europa und Amerika vor *dem* Islam ist nicht berechtigt. Berechtigt ist die Angst vor dem extremistischen Islam. Angst ist berechtigt vor jedem Extremismus. Doch vergessen wir nicht: Es gibt ja auch christlichen, jüdischen, hinduistischen, politischen Extremismus. Extremisten flößen mir immer Unbehagen ein. Die Extremismusszene in Pakistan ist ausgesprochen schwer zu durchschauen. Unter den Extremisten sind Afghanen, Usbeken, Tadschiken, aber auch Leute, die aus dem Westen kommen. Was mich am meisten beunruhigt, sind die Ausbildungslager der Extremisten. Man weiß, dass dort, wie zu Hitlers Zeiten in der Hitlerjugend, junge Menschen auch zur Gewaltanwendung im Namen der Religion programmiert werden. Die Regierung ist natürlich darüber informiert, hat aber keine Macht über solche Dinge. In Pakistan kann jeder machen, was er will, und nur ganz selten greift die Regierung ein, noch seltener durch. Das überlässt sie dem Militär. Wenn, dann oftmals, um ein Exempel für das Ausland zu statuieren, in einer Brutalität, die dann auch wieder nicht akzeptabel ist.

Ein Beispiel sind die Begebenheiten um die Rote Moschee in Islamabad, die durch die Weltpresse gingen. Da waren unter den Extremisten sogar Mädchen, die mit Stöcken bewaffnet durch die Straßen der Hauptstadt patrouillierten und auf alle Frauen einprügelten, die nicht so gekleidet waren, wie sie das für richtig hielten. Die Regierung hat gewartet und gewartet und immer wieder versucht, Ordnung zu schaffen. Ohne Erfolg. Dann hat das Heer durchgegriffen und die Moschee gestürmt. Es gab sehr viele Tote. Die genaue Zahl wurde nie bekannt. Wir wissen bis heute nicht, wer eigentlich umgekommen ist. Es gab nie einen offiziellen Bericht. Das alles bleibt im Dunkeln und erzeugt neuen Hass, auf dessen Welle die Extremisten weiter Boden gewinnen können. Natürlich war es einfach nicht tragbar, dass die Extremisten in der Hauptstadt sozusagen ihre eigene Regierung mit eigener Rechtssprechung etablierten. Da musste etwas geschehen. Aber was geschah, und wie es geschah, war absolut nicht dazu geeignet, das Problem zu lösen. Danach war es in Islamabad einige Zeit ruhig. Aber bald flackerte das Feuer wieder an anderen Stellen auf. Diese Entwicklung macht mir wirklich Sorge.

Wie sind solche Probleme langfristig zu lösen? Unbedingt erforderlich wäre eine wirklich effektiv arbeitende Regierung. Aber die hat das Land nicht. Hier zeigt sich eine Systemschwäche, die immer wieder neue gewalttätige und chaotische Schübe begünstigt. Dazu kommt: In dieser unklaren Lage treiben die Armee und der berüchtigte pakistanische Geheimdienst, ISI, eine höchst umstrittene Organisation, die am meisten für sich selbst zu arbeiten scheint, ihre undurchsichtigen Geschäfte. Das überblicke ich wirklich nicht. Ich habe Kontakt zu den einfachen Leuten. Sie leiden unter der ganzen Situation am meisten. Das ist mir wichtiger. Die einfachen Leute haben mangels Nahrung und Bildung keine Kraft, sich gegen die Aggression, gleich von welcher Seite sie kommt, effektiv zur Wehr zu setzen.

Pakistan, mon amour

Denen, die aus dem Westen ins Land kommen, kann ich nur raten: Wenn ihr langfristig nach Pakistan kommen wollt, dann reist mit dem Schiff und nicht mit dem Flugzeug. Ihr kommt sonst mit völlig falschen Voraussetzungen an. Wer mit dem Flugzeug kommt, landet wie im Sturzflug mitten in einer völlig anderen Kultur, er kommt sozusagen in eine ganz andere Zeit hinein. Man kann nicht miteinander vergleichen, was nicht vergleichbar ist. Die Kulturen sind und bleiben völlig unterschiedlich. Die Unterschiede sind nicht einzuebnen. Warum auch?

Pakistan ist anders, als es in Deutschland und Europa bekannt ist. Das sage ich mit voller Überzeugung und kann es durch viele Erfahrungen belegen. Ich kann unzählige

Geschichten erzählen, die klar machen, woher meine Sympathie für dieses geschundene Land rührt.

Solche Geschichten können sich an jedem Tag abspielen. Nur ein Beispiel: Jede Betriebsfeier in unserem Krankenhaus in Karachi beginnt mit der Rezitation des Heiligen Koran durch einen Muslim. Dabei ziehen auch wir Christen unseren Schleier über den Kopf. Sie geht weiter mit einer Lesung aus der Bibel oder einem freien Gebet eines Christen. Dann zitiert ein Hindu aus der Bagavadghita, der ältesten religiösen Schrift der Menschheit. Wenn die Bagavadghita gelesen wird, müssten eigentlich die Muslime den Raum verlassen. Tun sie aber nicht. Bei solchen Feiern sind etwa achtzig Prozent der Anwesenden Muslime. Wenn kein Hindu da ist, dann sucht ein Muslim einen im Haus und fordert ihn auf, die heiligen Texte zu lesen. Das ist ganz normal bei uns. Interreligiöses Verständnis ist also im muslimischen Kontext durchaus erreichbar. Man muss sich nur die Mühe dazu machen.

Ein anderes Beispiel: In der Hindusiedlung Adam Goth, draußen vor Karachi, hatten wir eine Wasserstelle für die Kinder eingerichtet. Die Eltern der muslimischen Kinder haben sich beklagt, dass ihre Kinder aus derselben Wasserstelle wie die Hindukinder trinken müssen. Wir haben ihnen gesagt: „Tut uns leid, dann müsst ihr eure Kinder eben aus der Schule nehmen!" Die Situation hat sich inzwischen völlig normalisiert. Niemand beklagt sich mehr, und die muslimischen Kinder und die Kinder der Hindus trinken selbstverständlich dasselbe Wasser. Ich bin überzeugt, dass sich das später noch positiv auswirken wird.

Einmal beklagten sich muslimische Patienten im Krankenhaus, dass sie ihr Essen von einem Hindu serviert bekämen. Wir haben ihnen die gleiche Antwort gegeben: „Wenn ihr das nicht mögt, dann müsst ihr sehen, dass ihr in einem anderen Krankenhaus unterkommt! Das ist bei uns eben so!" Diese Patienten sind dann zur Polizei und haben das gemeldet. Daraufhin kam eine Streife im Krankenhaus vorbei und erklärte den Patienten, dass sie im Unrecht seien. Sie sollten das Essen annehmen oder nach Hause gehen. Wir haben von staatlicher Seite immer Unterstützung bekommen.

In Pakistan gibt es mehr Mitmenschlichkeit und Wärme als in Deutschland. Alte Frauen, die einsam die Straße entlang tattern, das kommt in Pakistan kaum vor. Das liegt auch daran, dass es so viele Kinder gibt. Fünfundvierzig Prozent der pakistanischen Bevölkerung sind jünger als fünfzehn Jahre. Es ist immer jemand da, der die Mutter oder die Großmutter begleitet. In Pakistan sind die mitmenschlichen Beziehungen noch weitgehend intakt. Das hat weniger mit der Religion zu tun als mit alten Sitten. Pakistan ist im Grunde noch im Stammesdenken verwurzelt. Wie sich das angesichts mehr und mehr sich auflösender Familienstrukturen entwickeln wird, das ist eine große Frage.

Ich lebe auch deshalb gerne in Pakistan, weil die umfassende Sorge innerhalb der Familie noch so ausgeprägt ist. Jeder sorgt für jeden.

Ich bin auch deshalb noch im Rentenalter in meinem Projekt MAC tätig, weil niemand in Pakistan verstehen würde, wenn ich in Rente ginge. Keiner würde verstehen, wenn ich als alte Frau in eine Subkultur der Alten abtauchen würde. Ganz abgesehen davon, dass es die in Pakistan einfach nicht gibt.

Er streckte seine Hand aus und berührte ihn

Als Jesus von dem Berg herabstieg, folgten ihm viele Menschen. Da kam ein Aussätziger, fiel vor ihm nieder und flehte ihn an: Herr, wenn du willst, kannst du mich rein machen. Jesus streckte seine Hand aus, berührte ihn und sagte: Ich will es. Werde rein! Und sofort verschwand sein Aussatz, und er war rein.
(Mattäusevangelium, 8,1–3)

Faszination und Schrecken –
Afghanistan bleibt in Erinnerung

Afghanistan hat sich tief in meine Erinnerung eingegraben. Vor allem die achtziger Jahre des letzten Jahrhunderts, als die Russen das Land besetzt hatten und von den Einheimischen in Kämpfe verwickelt wurden. Aber auch nach dem Abzug der russischen Soldaten, als sich die Stämme auf eine Art Regierung für das Land geeinigt hatten und eine Zeit lang ein gewisser Friede herrschte, war ich häufig in diesem Land. Da gab es zwar keine Infrastruktur und man musste sich endlos ausweisen. Aber die unkontrollierte, wilde Schießerei hatte deutlich abgenommen. Gearbeitet haben wir damals in Zentralafghanistan.

Das vergiftete Kind

In der Gegend, in der wir gerade waren, gab es Händler, die an die Bauern Insektizide verkauften, die wegen ihrer toxischen Nebenwirkungen im Westen schon längst vom Markt genommen waren. Eines der Kinder hatte ein solches Fläschchen ausgetrunken. Wir hatten kein Gegenmittel dabei. Zuerst haben wir versucht, ihm mit dem Schlauch meines Stethoskops den Magen auszupumpen. Das war nicht möglich. Dann haben wir es aber doch geschafft, mit einem Urinkatheter, den Magen abzusaugen. Ich kannte die chemische Nebenwirkung des Insektizids nicht. Aber es gab in Afghanistan damals die „Ärzte ohne Grenzen". Sie hatten ein Krankenhaus in Zentralafghanistan und arbeiteten dort sehr effizient, wenngleich unter primitivsten Bedingungen. Die Frage war nun, ob wir den Jungen noch lebend in dieses Krankenhaus bringen könnten.

Es war einer jener violetten Abende in diesem unbeschreiblich schönen Land. Ich hatte das Kind auf meinem Schoß und fragte mich, warum ich mich angesichts dieser atemberaubenden Schönheit nur für die dunkle Seite des Lebens entschieden hätte. Die Jungen auf den Pferden, ohne Sattel, in rasendem Galopp. Die Mädchen mit ihren Heubündeln auf dem Kopf, rote schwingende Röcke, und Kinder, Kinder, Kinder, die unter blühenden Apfelbäumen mit den jungen Schafen spielten. Und ich mit diesem todkranken Kind im Jeep.

Wir schafften es noch, den Magen des Jungen auf der Fahrt immer wieder frei zu saugen, damit er besser atmen konnte, und haben ihn tatsächlich noch lebend ins Krankenhaus gebracht. Dort haben wir ihn dann mit seinem Vater zurückgelassen. Später trafen wir ihn wieder. Nichts war zurückgeblieben.

Rettung mit dem Flugzeug

Es war das letzte Mal in Afghanistan. Ich hatte eine beginnende Lungenentzündung und bekam schon Fieberphantasien. Wir waren auf der Fahrt nach Lal im nördlichen Zentralafghanistan. Ich habe versucht, noch eine Zeit lang weiterzuarbeiten. Aber irgendwann ging es nicht mehr. Ich lag im Haus meines Lepraassistenten. Er und seine Frau versuchten mich zu versorgen. Es gab keine Toilette in dem Haus und ich musste ins Freie, obwohl das auch nicht mehr richtig ging. Ich war schon zu weit „weg", als dass ich noch eine Diagnose hätte stellen oder einen Therapievorschlag für mich hätte machen können. Aber in der Gegend gab es ein Krankenhaus der Amerikaner. Jemand hatte die gescheite Idee, mich dorthin zu bringen. Dort war kein Arzt. Aber ein Vertreter der UNICEF-Kinderhilfe war dort gestrandet. Sein Jeep war kaputtgegangen und er versuchte, irgendwie weiterzukommen. Er hatte ein kleines Funkgerät bei sich, mit dem er mit Kabul in Verbindung treten konnte. Er hat sich große Mühe gegeben zu organisieren, wie ich auf dem Landweg in mindestens vier Tagen nach Kabul gebracht werden könnte. Aber das ging alles irgendwie nicht.

Das Ende der Geschichte war dann so: Das Team hat die Mudschaheddins gebeten, auf der Hochebene in der Nähe des Krankenhauses einen Landeplatz für ein Kleinstflugzeug einzurichten, so dass wir rausfliegen konnten. In Kabul gab es einen jungen amerikanischen Piloten, einen Abenteurer. An dem Tag, an dem die Landebahn fertig war, wurde der Flughafen von Kabul gerade einmal nicht beschossen und es gelang dem Piloten tatsächlich, mit seinem Kleinstflugzeug zu starten und mich herauszuholen. Ich weiß noch, dass ich vom Krankenhaus auf die Hochebene zur Landebahn gefahren wurde und dass ich fragte, wer das denn bezahlen würde. Ich sehe auch noch, wie dieser silberne Vogel am Horizont auftauchte. Wir kamen heil nach Kabul. Dort kam ich dann in ein funktionierendes Krankenhaus der Besatzungstruppen. Ich hatte inzwischen durch den Aufenthalt in der Höhe noch ein Lungenödem bekommen, das oft tödlich ausgeht. Dann wurde ich in meinen schmutzigen Kleidern von einem Diplomatenflugzeug mit bester technischer Ausstattung, mit eingebautem Büro und Restaurant, mit Bedienung und Essen und Trinken, nach Islamabad in Pakistan geflogen. Ich fühlte mich während des Fluges völlig fehl am Platze. Aber während des Fluges kam einer der Mitfliegenden, ein junger Diplomat zu mir. „Das ist das einzige Mal", sagte er, „dass sich die Wahnsinnskosten für solch einen Flug wirklich gelohnt haben!" In Islamabad verschaffte mir die Deutsche Botschaft einen neuen Pass, weil ich ohne nach Pakistan gereist war und Schwierigkeiten an der Kontrolle hatte. In Karachi habe ich mich dann bald wieder erholt.

Diese unwahrscheinliche Geschichte war wieder einer der Belege dafür, dass es in der Regel gut ausgeht. Heute aber frage ich: Warum dieses Tamtam um mich?

Gott freut sich, wenn sich jemand auf ihn verlässt

In Zentralafghanistan kannten wir anfangs niemanden, weil wir dort noch keine Außenstation hatten. Leute von dort hatten uns gesagt, dass es im Gebiet von Feroza, im Stammesgebiet der Pathanen, Leprafälle gebe. Aber gleichzeitig auch: „Fahren Sie nicht hin mit Ihrem Jeep. Die werden sie alle erschießen, nur um das Auto zu bekommen!" Zwei Kilometer vor dem Ziel wurden wir angehalten und Leute warnten uns ein weiteres Mal: „Sie sind doch wohl nicht wahnsinnig! Sie werden doch nicht nach Feroza fahren?!" In einem solchen Fall gibt es immer eine Teamentscheidung. Das Team beschloss zu fahren: „Ok, wir fahren ganz langsam. Wenn jemand uns anhalten will, dann braucht er nicht zu schießen, dann halten wir von selber." Wir sind weitergefahren nach dem alten Prinzip: Wenn man nicht anfängt, dann kann man nichts erreichen. Feroza ist das erste Dorf in dem Tal. Als wir hineinfuhren, war uns allerdings schon ein wenig seltsam zu Mute. Wir hielten am ersten Haus an. Dann stiegen wir aus. Einen Augenblick lang war ich mir nicht mehr sicher, ob es richtig war, dass wir bis hierher gefahren waren. Das halbe Dorf war versammelt. Die Männer schlossen langsam den Kreis um uns. Alle waren schwer bewaffnet. Keiner von uns sprach Pushtu, die Muttersprache der Pathanen. Plötzlich drehte sich einer von den Stammesangehörigen um und sagte auf Urdu: „Frau Doktor, Sie in Afghanistan? Das darf doch nicht wahr sein!" Er drehte sich um, hielt eine Rede in Pushtu – und plötzlich änderte sich alles. Die Atmosphäre war entspannt, der Stammesälteste kam auf uns zu, begrüßte uns mit Handkuss, und bat darum, dass wir ein paar Tage bei ihnen bleiben sollten. Er würde uns ein Zelt geben und dafür sorgen, dass vier seiner bewaffneten Männer das Auto bewachten. Wir bezogen das Zelt, und sofort wurde auch festgelegt, wer uns verpflegen sollte. Vier Tage lang haben wir unsere Untersuchungen gemacht und haben alle sieben Leprafälle in diesem Gebiet erfasst.

Immer wieder sind wir ein Risiko eingegangen. Wenn es nicht jedes Mal wieder gut gegangen wäre, hätte ich diese Methode nicht mehr eingesetzt. Wer will denn schon seine Leute verlieren! Ich denke manchmal, dass der Herrgott beglückt ist, wenn jemand sich auf ihn verlässt. Aber manchmal muss man auch vernünftig sein.

Unsere Arbeit hat sich immer am Rande des nicht direkt Unmöglichen, aber doch am Rande des fast Unmöglichen abgespielt, in schnell wechselnden, ganz unterschiedlichen Situationen. Ohne Risiken hätten wir die Lepra nie in den Griff bekommen. Das Lepraprogramm war ein

Programm auf Leben und Tod. Aber mir und den Jungen hat es Spaß gemacht!

Hindernisse gab es mehr als genug. Zum Beispiel brauchte ich immer einen Übersetzer, wenn ich unterwegs war. In Pakistan gibt es über 130 Sprachen. Die meisten von ihnen werden nur gesprochen; sie sind nicht verschriftlicht, und es gibt auch keine Lehrbücher. Ohne einen Übersetzer hätte ich nichts ausrichten können. Fast immer waren wir die ersten Fremden, die die verschlossene Welt der Bergdörfer betraten.

Es gab natürlich auch Misstrauen, das wir überwinden mussten. Alles in allem aber haben uns die Einheimischen erstaunlich unterstützt. Hotels gibt es ja in diesen Gegenden nicht. Irgendjemand musste uns aufnehmen und verpflegen. Wir haben zwar versucht, Lebensmittel mitzunehmen, aber zu viel konnten wir nicht schleppen. Wir hatten ja die Medikamente und die Ausrüstung dabei, weil wir medizinisch systematisch arbeiten wollten.

Zufall in der Wüste Nor

Überall dort, wo wir schon Patienten hatten, war es einfacher. Ich erinnere mich an wunderbare Erfahrungen. Einmal in der Wüste Nor, auf zentralafghanischem Gebiet. Ein traumhaftes Gebiet, violette Hügelzüge am Horizont, plötzlich galoppierte eine Herde von Wildpferden auf den Jeep zu – ich hielt schon den Atem an – um plötzlich abzustoppen, die Richtung zu wechseln und in die Wüste zurück zu galoppieren.

Ob es einen See gibt in der Wüste Nor oder ob das eine Fata Morgana war, weiß ich bis heute noch nicht.

Einmal fand ich jedenfalls eine Flamingofeder. Ein unvergessliches Abenteuer! Aber es gibt keine Straßen dort. Kaum Wagenspuren. Um voranzukommen, muss man sich sehr genau auskennen.

An jenem Tage wurde es dunkel, und im Dunkeln sollte man in Afghanistan nicht unterwegs sein. Weit und breit kein Haus, kein Zelt. Da – ein Hütejunge! Wir hielten an. Er kam zu unserem Jeep. Unser Lepraassistent konnte sich vage an einen Patienten erinnern, der in dieser Gegend leben sollte und in Karachi vorbehandelt worden war. Er wusste sogar noch seinen Namen. „Hassan?", sagte der Bub, „wenn Sie in dieses Nebental einbiegen, finden Sie nach einer Stunde Fußmarsch auf der rechten Seite eine weiße Lehmhütte, das ist Hassans Haus." – Wir bogen in das Nebental ein und fanden das Haus. Hassan konnte sich nicht beruhigen. „Dass Sie heute bei mir übernachten!", wiederholte er wieder und wieder. „Dass Sie nach Afghanistan gekommen sind! Ich habe noch Medikamente für acht Tage und habe mir überlegt, die Familie in Gefahr zurückzulassen, oder die Behandlung abzubrechen, die mir so gutgetan hat."

Hassan hat dann eine Ziege geschlachtet.

Wir schliefen tief und traumlos.

Zelte in den Sand gemalt

Einmal hatten wir in Baluchistan den Weg verloren. Wenn man dort den Weg verliert, kann es kritisch werden. In dieser Einsamkeit gibt es kaum einen Menschen, den man fragen kann. Wir fuhren und fuhren und wussten nicht mehr, wo wir waren. Da sahen wir einen Ziegenhirten. Wir winkten ihn heran. Aber er sprach eine

Sprache, die keiner von uns fünf Leuten im Team verstand. Wir haben dann Zelte in den Sand gemalt, um ihm zu zeigen, dass wir ins nächste Dorf wollten. Da strahlte er und zeigte mit der Hand in eine bestimmte Richtung. Der sind wir gefolgt. Als die Sonne gerade unterging, sahen wir das Dorf oben auf dem Berg. Als wir einfuhren, kam der Dorfälteste, sichtlich erleichtert, zu uns: „Ich sehe, sie sind ein medizinisches Team! Einer unserer Leute hat schon seit Wochen hohes Fieber und erholt sich nicht." Der Mann war ein Leprapatient und seine Fieberschübe waren eine Reaktion auf den Leprabazillus. – Wir haben dann noch fünfzehn weitere Fälle im Stamm festgestellt.

Arifs Geschichte

So atemberaubend aufregend diese Arbeit war: Heute bin ich froh, dass ich nicht mehr dazu verpflichtet bin, solche Ausflüge zu machen. Das Alter hat solchen extremen Unternehmungen einen natürlichen Riegel vorgeschoben. Aber für die Lepraassistenten kann das heute noch sehr schnell Wirklichkeit sein. Was sie dann leisten, welches Risiko sie eingehen, das ist schon bewundernswert.

Beim großen Erdbeben 2005 wurde ein Lepraassistent in einer Außenstation verschüttet. Drei Monate später saßen wir auf den Trümmern, und Arif erzählte uns seine Geschichte.

„… Es war alles nur Getöse und Staubwolken, und als ich wieder aufwachte, hatte ich Schmerzen in meinem rechten Bein und dachte: Du musst also noch am Leben sein, wie sonst könnte das so wehtun? Es war schwärzeste Nacht um mich. Da hörte ich plötzlich jemanden wie aus weiter Ferne meinen Namen rufen: ‚Doktor Sahib! Doktor Sahib!' – Die Patienten, die ich gerade vorher versorgt hatte, waren noch in der Nähe. Ich werde es ihnen nie vergessen, dass sie mit Ihren Leuten nicht erst zu Ihren Familien gegangen sind, um zu sehen, ob ihnen etwas passiert sei. Sie haben mich ausgegraben, mit ihren bloßen Händen. Erst kam Licht in den Kerker – dann zogen sie mich heraus. Und jetzt? – Sie haben mir eine neue Außenstation anvertraut. – Ich bin zurück im Dienst. – Gott ist gut!"

Ich arbeite daran, so lange ich noch kann, dass dieser Geist des Anfangs, diese wunderbare Bereitschaft zum Risiko nicht erlahmt oder stirbt.

Pragmatisch vorgehen ist besser als Nichtstun

Nach dem Angriff der Amerikaner auf Afghanistan Ende 2001 kam eine neue Welle von Flüchtlingen nach Pakistan. Das Land hatte die Grenze geschlossen, aber wo wollten sie sonst hin? Sie kamen illegal über die schon verschneiten Berge des Hindukusch, sie kamen durch die endlosen Steppen und Wüsten nach Baluchistan. Sie kannten keinen Menschen in Pakistan, aber es blieb ihnen keine Wahl.

Die Flüchtlinge aus Zentralafghanistan erfuhren bald, dass ich in Karachi war. Eines Tages standen sie vor Jeannines Schule in Manghopir, wo ich damals lebte. Einer unserer Leprahelfer hatte den Brief eines Afghanen gefunden. Er hatte seine Frau, seine sechs Kinder und sich selbst eines

Nachts mit Rattengift umgebracht. In dem Brief schrieb er: „Ich kann es nicht ertragen, dass meine Kinder mich um trockenes Brot bitten, und ich es ihnen nicht geben kann."

Das ging zu weit. Hatten wir nicht genügend trockenes Brot, das wir mit ihnen teilen konnten? Damals sind wir dann in die Arbeit mit den illegalen Flüchtlingen aus Afghanistan eingestiegen. Wir organisierten die Lebensmittelverteilung durch die Moscheen. Ich bin dann nach Islamabad zum Flüchtlingskommissariat der Vereinten Nationen, UNHCR, geflogen. Dort sagte man mir, man könne nicht helfen, da das Innenministerium jede Genehmigung von Hilfe verweigere. Den Verantwortlichen im Innenministerium kannte ich aber zufällig. Ich bin zu ihm gegangen und habe schließlich die Genehmigung besorgen können. Es war eine ziemliche Räubergeschichte, aber sie ist gut ausgegangen. Wir konnten anfangen und übernahmen die Sozialfälle der Flüchtlinge. Aber nachdem sich dann alle anderen aus der Arbeit zurückgezogen hatten, mussten wir uns auf ein Camp konzentrieren.

Drin bleiben, gleich unter welchen Umständen

Die Flüchtlinge, die jetzt noch in Pakistan sind, haben keine Möglichkeit zur Rückkehr, denn das Land ist vermint. Die Infrastrukturen sind total zerstört; es wird Generationen dauern, ehe das Land wieder zu besiedeln ist. Die Familien werden wohl zunächst unter erschwerten Bedingungen in Pakistan bleiben, weil sie, neben anderen Grundvoraussetzungen, noch nicht einmal eine staatliche Identität haben. Bürokratisch gesehen sind sie namenlose Niemande. Sie haben sich eine Art Selbsthilfe in Ansammlungen von

Lehmhütten um eine Moschee herum aufgebaut. Das ist bewundernswert, löst aber das Problem nicht. Angesichts der sich verschärfenden politischen und militärischen Situation in Afghanistan werden sie in absehbarer Zeit nicht in ihr Land zurückkehren können. Das bereitet mir große Sorgen. Das Afghanencamp ist eine der wiederholten Ohnmachtserfahrungen.

Die Problematik ist so komplex, dass sie geradezu unlösbar erscheint. Vom Staat ist keine wirksame Hilfe zu erwarten. Die gegenwärtige Regierung ist unfähig, solche Probleme zu lösen.

Man kann immer wieder nur den Versuch machen, neu anzufangen, zu hoffen gegen die Hoffnung. Etwas zu tun, pragmatisch vorzugehen, das ist besser als gar nichts zu tun. Wenn man einmal eingestiegen ist, dann muss man auch drin bleiben, ganz gleich unter welchen Umständen. Am Ende hilft dann nur noch die eschatologische Liste. Aber die ist ja schon voll.

Wozu dieses Leiden?

Faszination und Schrecken – das ist es, was ich mit der Wirklichkeit in Pakistan und Afghanistan verbinde. In meinem persönlichen Leben erfahre ich immer wieder: Es gibt unzählige Menschen, die nicht böse sind. Sie wollen das Böse nicht, sie träumen das Gute. Sie wollen das Gott Wohlgefällige tun. Aber sie kommen in die Gewalt des Bösen, werden von ihm gepackt und tun dann etwas Böses. So geschieht es mit den jungen Selbstmordattentätern. Die Jungen sind oftmals erst fünfzehn, sechzehn Jahre alt. Ist es nötig, dass diese Jungen sterben? Hitlerjugend mit Panzerfäusten und muslimische Jugend mit Selbstmordwesten?

Die Frage fängt in Golgatha an: Wozu dieses Leiden? Hast DU wirklich keine andere Möglichkeit als diese? Ich sehe aber keine. Da bleibt nur: Wenn man sich für die Liebe entschieden hat, hat man sich auch für die Freiheit entschieden. Wenn man sich für die Freiheit entscheidet, dann sind die möglichen Konsequenzen, dass es auch schiefgehen kann – Und das tut es auch häufig.

Aber es gibt auch Augenblicke im Leben, in denen man mit dieser Wirklichkeit nicht konfrontiert ist. Und die genieße ich! Die wunderschönen Gegenden in Pakistan, das Swat-Tal, die Wälder von Azad Kashmir, die violetten Abende in Baluchistan, die phantasievollen Bergformationen an der Küste entlang des Arabischen Meeres, Burgen und Statuen und dazwischen der Ausblick auf das blaue, blaue, unberührte Meer, das schelmische Lachen eines Kindes, die unerwartete Blüte im trockenen Wüstensand. – Solche Erlebnisse gleichen vieles wieder aus.

Immer wieder Pakistan –
Alte Strukturen zerbrechen

Den Kopf über Wasser halten

Beunruhigende Erscheinungen in Pakistan gibt es schon lange. Sie gehören zu diesem Land eigentlich von Anfang an. Das gehört fast zur Normalität. Der Kern vieler Probleme heute: Alte Strukturen sind dabei zu zerbrechen, ohne dass neue Werte an ihre Stelle treten. Zum Beispiel allein die Tatsache, dass sehr viele Männer als Gastarbeiter in die Ölstaaten gehen, und die vorher so behüteten Frauen plötzlich die ganze Verantwortung für die Familie haben – einschließlich deren Erhalt. Wie kann diese traditionelle Gesellschaft damit umgehen?

Auch das Fernsehen löst Entwicklungen aus, hat aber eher einen positiven Einfluss: Es ist oft die einzige Möglichkeit, Frauen mit der Außenwelt in Verbindung zu bringen. Durch das Fernsehen werden außerdem stillschweigend Säkularisierungsschübe ausgelöst, die sich dann gegen eine unkritische Interpretation des Islam wenden können. Allerdings kann auch das Gegenteil eintreten.

Immer wieder in der politischen Geschichte Pakistans scheiterte die Suche nach einer nationalen Identität. Aber sie wurde wenigstens nicht aufgegeben. Dass das nicht ohne Probleme und Konflikte geht, liegt auf der Hand. Aber seit dem Jahre 2009 bin ich zum ersten Mal wirklich in Sorge um das Land. Auch wenn ich mir immer wieder sage: Die Schweiz hat schließlich 800 Jahre gebraucht, ehe sie sich von einem Stammesverband zu einer Demokratie entwickelt hatte. Aber jetzt ist die Lage brisant: Der Flüchtlingsstrom im eigenen Land, ausgelöst von der Taliban, hat jede bislang vorstellbare Dimension gesprengt. Diese Eskalation beunruhigt mich zutiefst.

Eines der Grundprobleme ist, dass der Islam, der dieses Land, seine Gesellschaft und den Staat, zutiefst bestimmt, sich nicht als geschichtliche Religion versteht. Das ist der entscheidende Punkt. In Pakistan wird daher nicht eigentlich durchdiskutiert, ob diese Talibanisierung sinnvoll und hilfreich sei, oder ob man sie bekämpfen müsse, weil man sie als eine Bedrohung der religiösen Identität empfindet. Die Dinge laufen wie schicksalhaft ab, und man muss sehen, dass man in den Strömungen den Kopf über Wasser hält. Wir haben so viele Überlebensprobleme, dass jeder erleichtert ist, wenn jemand anbietet, sich um das tägliche Brot und um ein gutes Rechtssystem zu kümmern. Aber alle sind dann gleichermaßen beunruhigt, wenn jemand die Ruhe im Lande stört.

Der Islam und das Christentum

Die Religion ist der konsequenteste Versuch der Menschheit, für die Welt, wie sie ist, eine hinreichende Erklärung zu finden. Ohne eine Erklärung, zumindest ohne den Versuch einer Erklärung, können wir alle offensichtlich nicht leben.

Von allen Erklärungsversuchen, die ich gesucht habe, war für mich selber das Christentum immer noch am logischsten. Wenn man in dieser Sphäre überhaupt von „Logik" reden kann. Die Theo-Logik, die Logik Gottes ist doch noch einmal fundamental anders als die Anthro-po-Logik, die Menschenlogik. Aber schon in der Theologie treten fundamentale Unterschiede zwischen den monotheistischen Religionen auf. Alle reden von der Notwendigkeit des Dialogs. Ich sage nicht, dass man den Dialog nicht führen soll. Aber ich glaube nicht, dass man mit dem Dialog an ein Ziel kommt. Dazu sind die Religionen, vor allem das Christentum und der Islam zu unterschiedlich.

Ich sage es noch einmal: Der Hauptunterschied zwischen dem Christentum und dem Judentum einerseits und dem Islam andererseits liegt darin, dass der Islam eine geschichtliche Denkweise nicht zulässt. Es gibt innerhalb des Islam Theologen und Philosophen, die geschichtlich denken wollen. Solche Denker, die in westlichen Zusammenhängen durchaus von sich reden machen, sind im traditionellen Milieu Pakistans von vornherein „out". Es gibt sogar schon eine islamische feministische Theologie, die nah am geschichtlichen Denken ist. Sie hat innerhalb des Islam kaum eine Chance.

Islam ist nicht gleich Terrorismus

Im Westen herrscht die Gleichung: Islam gleich Terrorismus. Das ist oberflächlich und überdies falsch. Was nützen alle unsere hochentwickelten Informationstechniken, wenn sie nicht zu einem wirklichen in-formare verhelfen, zu etwas, das in uns aufgenommen wird und uns neu formt und die schon bestehenden Urteile oder Vorurteile nicht noch verstärkt? Für mich ist die massenmediale Information der Gegenwart mit großen Fragezeichen zu versehen. Da wird konsumiert, verbraucht, wenig geht einem nahe, kaum etwas erreicht einen in der Tiefe. Der wirkliche, der persönliche Informationsprozess ist dabei entscheidend, ja lebenswichtig. Er geht, wenn man ihn ernst nimmt, nicht ohne Schmerzen ab.

Mein Leben ist heute noch immer voller Geschichten. Aber ich erlebe sie nicht mehr so punktuell wie früher. Heute sehe ich mehr den Kontext, die großen Strömungen und was sich in ihnen ereignet. Mein Eindruck ist, dass sich im Grunde vieles wiederholt. Vieles ist so geblieben, wie es war. Nur weniges ist neu.

Neu ist zum Beispiel die religiöse Radikalisierung im Muslim-Lager. Sie hat ein Ausmaß, für das wir keine Erklärung haben. Einen wirklichen Überblick zu erhalten, ist schwierig. In Karachi leben geschätzte fünfzehn Millionen Menschen. Fünfzehn Millionen! Selbst wenn es da an drei Stellen gleichzeitig knallt, wissen wir unter Umständen selbst vor Ort nichts davon, wenn wir uns nicht die Mühe machen, es wissen zu wollen. Oder wir erfahren es hinterher durch Angestellte oder Patienten, deren Angehörige in solche Ereignisse verwickelt oder direkt – und meist schmerzhaft – von ihnen betroffen sind. Fest steht aber, und das ist eine wissenschaftlich gesicherte Erkenntnis: Je näher man an einem Ereignis dran ist, umso mehr verliert man die Angst.

Ich frage mich – im Blick auf die westliche Art der Information – ob die gehäuften Schreckensnachrichten die Menschen noch wirklich erreichen, berühren, verändern.

Läuft da nicht etwas ganz und gar verkehrt in dieser heillosen Nachrichtenüberflutung? Müssen wir alles wissen? Ist alles wichtig? Es ist ein schwieriger Abwägungsprozess, mit dem Überangebot an Informationen angemessen umzugehen. Es braucht Disziplin, um sich nicht von jeder Nachricht hemmungslos überrollen zu lassen.

Ein kurzer Seitenblick nach Indien, auf die Hindu-Religion. Ich bin nur einmal in Indien gewesen. Ich kenne aber das indische Milieu ein wenig, weil wir zunehmend mit Hindus arbeiten, die in Pakistan eine ganz vernachlässigte Gruppe sind, auf die wir immer wieder stoßen. Deswegen kann ich auch nur vom Volkshinduismus reden. Der ist so voller Angst, die im Unbewussten ihre Wurzeln und ihre Abgründe hat. Ich atme auf, wenn ich aus einer hinduistischen Gemeinschaft in eine muslimische Umgebung komme. Der Islam ist wenigstens eine monotheistische Religion, in der ich mitreden, mitfühlen, mit der ich Kontakt aufnehmen kann. Dass sie gegenwärtig politisch missbraucht wird, das tut mir für den Islam leid. Dafür kann man aber den Islam *an sich* nicht verantwortlich machen. Es gilt auch hier, gegen schreckliche Vereinfachungen und Verallgemeinerungen anzugehen! Noch einmal: Je näher man damit in persönliche Berührung kommt, desto mehr verliert man die Angst. Die Angst vor dem Islam im Westen wird aus diesen zwei Hauptquellen gespeist: verallgemeinernde, oberflächliche, nicht differenzierende Information und räumliche und persönliche Distanz.

Ich erinnere an die Baader-Meinhof-Zeit in Deutschland. Man kann doch auch nicht sagen, dass das Christentum oder eine christlich geprägte Gesellschaft, die Terroristen produziert haben, eine terroristische Religion oder eine ebensolche Gesellschaft seien. Das Christentum ist eine Religion der Freiheit. Zumindest eine Religion, die dem Menschen die Freiheit angeboten hat. Wenn einige dieses Angebot ausschlagen, ist das kein Grund zu behaupten, dass die christliche Religion eine Religion der Unfreiheit ist. Im gleichen Sinn ist klar: Eine terroristische Religion ist der Islam sicher nicht. Er ist eine mehr martialische Religion, martialischer als das Christentum. Und er ist eine weitgehend kulturell geprägt und gewachsene Religion. Das Christentum ist eine urbane Religion, mehr auf die Städte bezogen. Der Islam ist eine Stammesreligion, die im nomadischen und bäuerlichen Milieu entstanden ist.

Langsamer Wandel: die Frauen im Islam

Die Stellung der Frauen, zum Beispiel im Islam, ist eindeutig zurückzuführen auf Stammessitten, wie sie im sechsten Jahrhundert nach Christi Geburt, zur Zeit der Entstehung des Islam auf der arabischen Halbinsel, noch geherrscht haben. Man musste damals die Frau einfach beschützen, weil sie sonst der andere Stamm, der zu wenige Frauen hatte, gestohlen hätte.

Die Lepraassistenten wollten einmal von mir wissen, woher die Aggression kommt. Ich habe es ihnen am Beispiel von Mann und Frau erklärt: Die Aggression ist immer schon in uns, und sie kann ein hilfreicher Impuls sein. Aggressive Ausbrüche werden in der Regel durch Frustration hervorgerufen. Wenn ein Mann keine Bestätigung seiner Männlichkeit erfährt, fühlt er sich in seiner Ehre verletzt und gibt der Frau die Schuld dafür. Dann wird die Frau nicht gut behandelt. Deshalb, sagte ich, müssten wir uns verstärkt um die Frauen bemühen. Das hat ihnen eingeleuchtet.

Gemessen an dem, was ich vor fünfzig Jahren erlebt habe, hat sich im Blick auf die Rolle der Frau in Pakistan viel verändert. Als wir in Azad Kashmir anfingen zu arbeiten, habe ich in den Schulen der ganzen Provinz nur zwei Mädchen gesehen. Das waren die Töchter des Lehrers. Jetzt hat fast jedes Dorf eine Mädchenschule. Wenn ein Dorf keine Mädchenschule hat, dann melden sich die Dorfbewohner lautstark bei der Regierung zu Wort und verlangen, dass eine solche Schule gebaut wird. Ein Ereignis aus meiner eigenen Erfahrung: Eines Tages kam die Delegation eines Dorfes ohne Mädchenschule zu mir. Die Mitglieder sagten: „Sie haben doch Einfluss bei der Regierung. Bitte verwenden Sie sich für uns." Das habe ich auch getan. Sie haben bestimmt eine Mädchenschule bekommen, denn sie sind nicht wieder bei mir erschienen.

Auf diesem Gebiet hat sich in den letzten fünfzig Jahren in Pakistan wirklich etwas geändert. Bis auf die Ebene der Dörfer herunter. Dass es so gekommen ist, mag durch zwei Fakten angestoßen worden sein:

Einmal, dass viele pakistanische Männer in den Golfstaaten als Gastarbeiter gearbeitet haben und die Frauen in der täglichen Versorgung ihrer Familien selbstständiger werden mussten.

Der zweite Impuls ist das Fernsehen. Da es in den Dorfhäusern immer nur zwei Räume gibt, konnten die Männer zwangsläufig nicht alleine fernsehen – die Frauen sahen mit. Diese mediale Teilnahme an der Welt hat ihren Horizont erweitert. Über die Qualität des pakistanischen

Fernsehens lässt sich sicher streiten. Auch über die vielen indischen Kitschfilme, die dort zu sehen sind. Aber für sehr viele Frauen in Pakistan ist das der einzige Kontakt zur Außenwelt. Sie können oftmals nicht aus dem Haus. Wenn, dann nur zu den Feldern und wieder zurück. Sie wissen nicht, was außerhalb ihrer kleinen Welt vor sich geht. Die Generation der Frauen, die nie in die Schule gegangen ist, die also Analphabetinnen sind, die sehen auf dem Bildschirm, dass es noch eine andere Welt gibt außer der ihren. Und das hat Folgen.

Die Sicht auf die Welt ist oft sehr verengt – und beileibe nicht nur bei den Frauen: Mein Lepraassistent aus Sindh – und Sindh ist wahrlich nicht die allerletzte Provinz von Pakistan – kam zu mir und sagte: „Ich weiß nicht, wie ich es meinem Vater klar machen soll, der meint, es gebe auf der ganzen weiten Welt nur Sindhis und Muslime. Dass es noch andere gibt, streitet er schlichtweg ab. Er glaubt mir das einfach nicht, und wird richtig ärgerlich, wenn ich ihm das sage."

Die Frauenfrage ist in Pakistan eine Familienfrage

Was die Situation der Frauen angeht, so geht der Wandel natürlich nur langsam vor sich. Aber es bewegt sich doch etwas. *Ein* Grund für die sich langsam wandelnde Situation der Frauen ist sicher, dass immer mehr Mädchen zur Schule gehen. Unsere Lepraassistenten arbeiten sehr daran, dass in Gebieten, in denen es noch kein Fernsehen gibt, die Eltern ihre Mädchen in die Schule schicken. Vielfach wollen das die Eltern nicht, auch wenn Mädchenschulen vorhanden sind. Sie behalten die Mädchen lieber zum Arbeiten zu Hause oder schicken sie mit den Ziegen auf die Weide. Außerdem heiraten die Mädchen in Pakistan sehr früh.

Das sind alles sehr komplexe Probleme, die man nicht direkt angehen kann. Man muss Umwege machen. Auch feministische Ansätze greifen da zu kurz. Wir sollten immer zuerst an die Familie denken. Und wir müssen die Männer mit einbeziehen. Wenn wir das nicht tun, brauchen wir gar nicht erst anzufangen. Ich habe die Frauenfrage in Pakistan deswegen auch nie als Frauenfrage angesehen, sondern immer als Familienfrage. Die einzigen Ausnahmen waren Menschenrechtsverletzungen, wenn Frauen von ihren Männern misshandelt worden waren. Das waren zum Teil schon schwerwiegende medizinische Fälle. Da sind wir direkt dazwischengegangen, haben die Frauen rausgeholt, ins Krankenhaus mitgenommen und auch die Männer wieder nach Hause geschickt, wenn sie ankamen und ihre Frauen wieder abholen wollten. Das waren und sind aber Ausnahmen.

Wenn man Frauen in Pakistan wirklich helfen will, dann muss man immer mehr Schulen schaffen. Das Menschenrecht auf Bildung ist für die Frauen vorrangig. Natürlich sind die Jungen davon auch betroffen, weil zum Beispiel eine Familie ohne Kinderarbeit oft gar nicht leben kann. Dann muss man sehen, dass die Kinder arbeiten und trotzdem zur Schule gehen können. In einer solchen Situation ist Kreativität gefragt: Man muss zum Beispiel den Kindern, wenn sie von der Arbeit kommen, eine Schulspeisung ermöglichen, bevor der schulische Unterricht beginnt.

Ähnliches gilt auch für die Kinder aus den afghanischen Flüchtlingslagern. Die meisten gehen dort in die Madrassen, die Moscheeschulen. Ich habe nichts dagegen, dass sie ihre Religion lernen, im Gegenteil. Darüber hinaus aber sollten sie wenigstens noch eine gute schulische Grundausbildung erhalten, die ihnen später eine kritische Auseinandersetzung mit Problemen und Aufgaben des Lebens ermöglicht. Sie sollten wenigstens lernen, „Warum?" zu fragen.

Entwicklung ist eine Schnecke

Die Frau hat das Recht, Nein zu sagen, wenn sie verheiratet werden soll. Das ist ein Menschenrecht! Und als solches ist es auch in der pakistanischen Verfassung verankert. Das müssen wir vor allem den pakistanischen Männern vermitteln. In einigen Fällen ist uns das schon gelungen. Wir müssen darüber hinaus auch jungen Paaren helfen, die gegen den Willen der Eltern geheiratet haben, eine Möglichkeit zu finden, dass sie in Ruhe zusammenleben können und dass Freunde in der schwierigen Zeit ihnen zur Seite stehen. Das erste Baby ist dann meistens der Friedensbote zwischen ihnen und den erbosten Eltern.

Die Entwicklung menschlicher Verhältnisse ist langsam wie eine Schnecke. In Pakistan auf diesem Feld halbwegs erfolgreich zu arbeiten, heißt Abschied nehmen von der westlichen Vorstellung von Schnelligkeit, von Ergebnissen innerhalb kürzester Zeit, von zeitlich begrenzter Effizienz. Die tatsächlichen Fakten, die drängenden komplexen Probleme und Aufgaben verlieren wir deswegen nicht aus den Augen. Auch wenn ich es wollte, es gelänge mir nicht, schon gar nicht in Pakistan. Ich rate zu Geduld und zur Differenzierung. Ein Grashalm wächst nicht schneller, wenn man an ihm zieht.

Pakistan ist kein Rechtsstaat

Die Scharia

Im Westen wird immer wieder behauptet, dass die Scharia, das aus dem Heiligen Koran abgeleitete Gesetz, auch das Gesetz der islamischen Staaten sei. So einfach ist es aber nicht. Die Scharia kann als eine von vielen Rechtssystemen angerufen werden. Vor vielen Jahren habe ich mich mit dem deutschen Botschafter in Pakistan darüber unterhalten. Ich sagte ihm, dass ich einfach nicht wüsste, welches Rechtssystem in Pakistan gelte. Darauf antwortete er: „Versuchen sie es nicht! Ich weiß es auch nicht! Es wird so viel mit einstweiligen Verfügungen gearbeitet, dass man nie weiß, was im Moment wirklich Gesetzeskraft hat, und was schon wieder ungültig ist. Es ist für jemanden, der von außen kommt, praktisch unmöglich, sich zuverlässig zu orientieren."

Eines ist klar: Pakistan ist kein Rechtsstaat. Wenn es Übergriffe gibt, weiß man nicht, an wen man sich wenden soll. Es ist unheimlich schwierig – und teuer(!) – bis in die obersten Gerichtshöfe vorzudringen. Das ist aber nicht primär ein Scharia-Problem. Es ist vor allem ein Problem der allgemeinen Bestechlichkeit. Mit Geld kann man in der pakistanischen Justiz alles machen – bis in die oberste Ebene hinein. Wer Geld hat, hat Recht. Geld braucht man nicht nur, um die gerissensten Anwälte zu bezahlen, Geld braucht man auch, um in die nächste Instanz zu kommen und dort Richter zu haben, die im Sinne des Geldgebers entscheiden. Manchmal reicht nicht einmal mehr viel Geld, sondern es müssen noch andere Druckmittel angewendet werden.

Die Tochter des Stammesältesten

Einen Menschenrechtsfall fechten wir jetzt schon seit acht Jahren aus. Wir haben in dieser Zeit in allen Instanzen verloren, obwohl der Fall, um den es geht, völlig klar ist. Zwei Frauen, die in diesen Fall verwickelt sind, wurden von der einen Instanz zu sieben Jahren Gefängnis verurteilt. Von der anderen wurden sie freigesprochen, weil nichts gegen sie vorlag. Der sogenannte Hauptschuldige ist zu lebenslanger Gefängnisstrafe verurteilt worden. Er ist ein Christ, der sich in ein muslimisches Mädchen verliebt hat. Die beiden sind weggelaufen, haben sich versteckt, haben geheiratet und sind dann aufgespürt worden. Er wurde dann wegen Entführung einer Minderjährigen angeklagt, obwohl das Mädchen schon seine Periode hatte und somit nach muslimischem Gesetz volljährig ist. Das tat nichts zur Sache. Er bekam lebenslänglich. Wir kommen in diesem Fall keinen Schritt weiter, seit acht Jahren! Aber: Das Mädchen ist die Tochter eines einflussreichen Stammesältesten. Damit ist der Fall klar und entschieden. Die pakistanische Rechtssprechung folgt dem Gesetz des Dschungels.

Westliche Vorstellungen greifen nicht

Ich habe mich nie theoretisch mit dem Islam auseinandergesetzt. Aber ich habe ein halbes Jahrhundert in Pakistan verbracht und bin auch glücklich dabei gewesen. Sonst wäre ich nicht so lange dort geblieben.

In Karachi arbeite ich mit achtzig Prozent Muslimen zusammen. Außerhalb von Karachi, im Außendienst, sind es hundert Prozent. Wir verstehen uns vorzüglich, führen vernünftige Gespräche miteinander. Es ist sehr selten, dass wir im täglichen Leben unterschiedlicher Meinung sind.

Auf theologische Diskussionen lasse ich mich nicht ein, weil auf beiden Seiten nicht genügend Kenntnisse da sind. Wenn man Muslimen wirklich auf Augenhöhe begegnen will, dann fängt man am besten ein gemeinsames Projekt an, das beide Seiten interessiert. Bei der konkreten Zusammenarbeit lernt man den anderen kennen. Was ich da sage, ist nichts Neues. Aber es hat sich nach dem 11. September 2001 auch nicht geändert.

Als die Taliban Swat eroberten, haben die Leute dort gesagt: Jeder ist uns willkommen, der uns rasche und ordentliche Gerichtsbarkeit verspricht und der uns Frieden schafft. Soweit die Taliban das kurzfristig taten, hatte niemand etwas gegen sie. Die Menschen dort sagen: Ob das die Armee ist, oder ob es die Taliban sind, das ist uns egal. Wir wollen unsere Kinder in die Schule schicken, wir wollen unsere täglichen Einkünfte haben. Das ist wirklich alles, was wir vom Leben erwarten. Als diese Taliban sich dann allerdings als Extremisten zeigten, hat sich die Bevölkerung gegen sie und für die Regierung entschieden.

Im Swat haben die Taliban eine unglaubliche Brutalität an den Tag gelegt. Sie haben einigen unserer jungen Soldaten die Kehle durchgeschnitten und ihnen dann den Kopf abgeschlagen, nur weil sie mit der Regierung zusammengearbeitet haben. Und sie haben die Mädchenschulen zerstört. Die Taliban im Swat sind ungebildete Leute, die gegen alles sind, was nicht so ist, wie sie es wollen. Was sie wollen? Sie wollen, dass die Scharia, das koranische Gesetz, für ganz Pakistan Gültigkeit erlangt. Sie wollen im Grunde einen Gottesstaat errichten. Die Auswirkungen dieser Absicht waren so schlimm, dass die Leute mitten in der größten Hitze Hals über Kopf geflüchtet sind.

Als die Amerikaner 2001 Afghanistan angriffen, bekam die Islamistische Partei plötzlich einen enormen Stimmenzuwachs. Diese Partei regierte zur gleichen Zeit in der pakistanischen Nordprovinz. Dort unternahm sie weder etwas gegen die schulische Mädchenbildung, noch hatten wir als Frauen irgendwelche Schwierigkeiten, uns dort zu bewegen. Allerdings trug ich von Beginn an den Schleier, weil das dort Sitte ist. Dieser Sitte habe ich mich selbstverständlich angepasst und somit eine vorhersehbare Reibungsfläche ausgespart.

Gewalt gegen Christen

Persönlich habe ich keine Diskriminierung als Christin durch den Islam erfahren. Aber gelegentlich gibt es das in unserer Arbeit. Vor Jahren gab es Übergriffe auf christliche Dörfer. Aber gemessen an der beschriebenen Normalität von Gewalt ist das sehr selten. Um einen Vergleich zu bringen: Wenn fünfmal von den Sunniten in eine schiitische Moschee geschossen wird und Menschen dabei zu Tode kommen, dann wird im gleichen Zeitraum nicht einmal eine christliche Kirche angegriffen. Einer der Gründe dafür ist sicher auch die Tatsache, dass es in Pakistan so wenig Christen gibt. Sie machen etwa 1,5 Prozent der Gesamtbevölkerung aus. Sie sind keine Gefahr und werden wegen ihrer sozialen Dienste geschätzt. Trotzdem existiert Gewalt gegen sie.

Vor einiger Zeit gab es ein Attentat auf ein christliches Haus in Karachi, in dem eine christliche Menschenrechtsorganisation ihren Sitz hatte. Es waren viele Opfer zu beklagen. Sie waren auf grauenvolle Weise am helllichten Tage regelrecht abgeschlachtet worden, nachdem man sie vorher gefesselt hatte. Mir war unerklärlich, warum die Kirche nicht mehr getan hat, damit die Attentäter festgenommen wurden. Das ist bis heute nicht geschehen. Wir diskutieren immer noch darüber, ob das eine islamische oder eine innerchristliche Racheaktion war. Ob wir das jemals aufgeklärt bekommen?

Anders im Punjab. Dort haben die Islamisten ein christliches Dorf vollständig zerstört, es geradezu plattgemacht. Wir waren von Anfang an im Zweifel, ob es eine gute Idee ist, christliche Dörfer mitten in einer islamischen Umgebung zu gründen. Es gibt im staatlichen Gesetz und in Teilen der Scharia Paragrafen und Abschnitte, auf die man sich bei solchen Gewaltakten berufen kann. Unsere Organisation, das MAC, ist noch nie angegriffen worden. Persönlich habe ich auch keine Angst, dass dies geschehen könnte. Die Radikalen sind zahlenmäßig nicht stark. Aber die staatliche Justiz ist eigenartig gelähmt, gegen sie vorzugehen. Die Angst der politisch und religiös Gemäßigten, die Schwäche des demokratischen Systems – wir haben keine wirkliche Opposition in Pakistan – begünstigen das Erstarken und das zahlenmäßige Wachstum der Extremisten.

Immer ist zu bedenken: Man kann in Pakistan nicht in demokratischen Kategorien denken und handeln. Die alten Instinkte von Macht und Unterlegenheit, von Sieg oder Niederlage bestimmen das politische und private Leben. Sich unterschiedliche Meinungen in einem Diskussionsprozess anzuhören, ist den Menschen total fremd. Bis zum heutigen Tag ist das so. In dieser Haltung sind die Menschen erzogen worden. Weil ihre Grundprägungen autoritär sind hat eine echte Demokratie auf absehbare Zeit in Pakistan keine echte Chance. Es wird auch auf absehbare Zeit so bleiben: Wenn es kritisch wird, entscheidet das Militär.

Gruppe geht vor Individuum

Wir sollten aus der weltweit anhaltenden Diskussion über die Menschenrechte eigentlich viel gelernt haben. Die Menschenrechte sind westliche, individualistische Vorstellungen. In Pakistan ist das offensichtlich: Hier ist die Gruppe viel wichtiger als die oder der Einzelne. Wir müssen lernen, besser zuzuhören und nicht unsere Vorstellungen zu deklamieren und zu proklamieren. Seit der Wiedervereinigung Deutschlands glaube ich an den Effekt von kleinen Anfängen – auch was die Durchsetzung der Menschenrechte angeht. Das bräuchte es auch in Pakistan, aber anders, als man sich das im Westen vorstellt.

Zum Beispiel: Die christlichen Schulen in Pakistan werden zu 20 Prozent von christlichen und zu 80 Prozent von muslimischen Kindern besucht. Auf diese Weise bekommen auch die Eltern ohne großes Reden christliche Werte mit, das ist keine Frage. So stelle ich mir den Prozess im Grunde vor. Klar, er wird viel Zeit brauchen. Was viel Zeit braucht, braucht auch viel Geduld. Die Christen in Karachi sagen: „MAC ist unser Fenster zum Islam. Das Traurige ist nur, dass keiner durchschaut". Aber kleine Beispiele machen auch Schule. Man muss nur kontinuierlich arbeiten. Es gibt jetzt schon muslimische Schulen, die christliche Namen tragen: „St. Michael" oder „Heilige Maria". Das ist bemerkenswert.

Ich habe den Eindruck, dass westliche Vorstellungen im Bezug auf Pakistan zu sehr vom kausalen Denken bestimmt sind. Das greift dort nicht. Es ist der pakistanischen Kultur fremd. Dort gibt es gleichzeitig so viele gegensätzliche Tendenzen und Kräfte, dass ein Mensch aus dem Westen sehr schnell das Gefühl hat, sich in einem Dschungel, in einem ständigen Chaos zu befinden. Hilflosigkeit ist die Folge. Ich habe diese Mentalität auch in fünfzig Jahren nie verstanden und ich werde sie nie richtig verstehen. Ich kann mich aber inzwischen einstellen und mich auf mir unverständliche Reaktionen vorbereiten. Das tut meiner Liebe und der Sympathie zu diesem Land und seinen Menschen keinen Abbruch.

Allerdings muss man manchmal schnell und entschlossen handeln, um wirklich etwas zu erreichen.

Dass dies möglich ist, zeigt die folgende Geschichte: Zur Zeit des Militärmachthabers Zia ul Haq kam ich durch glückliche Umstände in persönlichen Kontakt mit ihm.

Bei einer öffentlichen Veranstaltung, die er einberufen hatte, sagte ich vor den geladenen Gästen, alles Männer, dass öffentliche Auspeitschungen gegen den Geist der Religion gerichtet sind und eigentlich verboten werden müssten. Ich bekam frenetischen Beifall. Danach ist das auch nicht mehr vorgekommen, es wurde vom Staat nicht mehr angeordnet. Diese Erfahrung vergesse ich nicht. Es lohnt sich überall, auf jeder Ebene, dass sich Christentum und Islam gegenseitig kennen und schätzen lernen. Wir können nur voneinander profitieren.

Mangelndes Miteinander der großen Religionen

Ich finde es angesichts der großen Weltprobleme schade, dass sich die monotheistischen Religionen nicht mit mehr Toleranz und Respekt begegnen und konkret miteinander arbeiten. In Pakistan ist das gar nicht der Fall. Juden gibt es in diesem Land keine mehr, die sind aus Angst vor der Feindseligkeit der Muslime ausgewandert. Und die Christen sind zahlenmäßig so wenige, dass sie für den Islam keine Gefahr, aber eben auch keinen Partner mehr darstellen, der zählt.

Nicht zu vergessen, wenn man über die Rotte des Islam in diesem Land spricht: Innerhalb des pakistanischen Islam gibt es sehr große Gegensätze, Positionen, die sich feindlich gegenüberstehen. Wenn sich die Schiiten mit den Sunniten und besonders mit den Ahmadis, die neben Mohammed noch einen zweiten heiligen Propheten haben, zusammensetzen könnten, dann wäre schon viel gewonnen. Die Ahmadis, die im Westen als Alewiten bekannt sind, hat die säkulare Benazir Bhutto als Ketzer bezeichnet. Die Ismaelis, die Anhänger von Aga Khan, werden bis jetzt noch geduldet. Besorgniserregend ist der wachsende Einfluss der radikal-muslimischen Wahabiten, die aus Saudi-Arabien kommen.

Ich weiß auch nach so vielen Jahren intensiven Lebens und Arbeitens in Pakistan nicht, wohin die Entwicklung am Ende gehen wird. Aber das weiß niemand.

Man kann es drehen und wenden, wie man will: Auch durch noch so gründliches Analysieren, durch noch so differenziertes Diskutieren wird sich nicht wirklich etwas ändern. Wichtig und entscheidend ist, dass man gemeinsam etwas tut.

Der lange Weg zur Selbstverständlichkeit

Miteinander-Geschichten

Das muslimisch-hinduistisch-christliche Miteinander ist für mich und meine Mitarbeiter ganz selbstverständlich geworden. Im Krankenhaus und im gesamten Projekt fällt das keinem mehr auf. Aber der Weg war lang bis zu dieser Selbstverständlichkeit. Es gibt zahllose Geschichten dazu.

Als ich noch Chefärztin im Krankenhaus war, lag ein muslimischer Patient im Sterben. Ich bin im Krankenhaus herumgelaufen und habe nach jemandem gesucht, der die Suren des Heiligen Koran, die beim Sterben gebetet werden, lesen konnte. Ich habe auch jemanden gefunden. Einer der Lepraassistenten sagte danach höchst erstaunt zu den anderen: „So ist Dr. Pfau! Sie läuft herum und sucht nach jemandem, der einen Muslimen mit seinen Sterbegebeten versorgen kann." Heute ist auch das selbstverständlich. Vieles hat sich auf diese Weise nach und nach eingespielt. Was eine ganz normale Reaktion von mir war, hat weitreichende Wirkung gehabt. Die Muslime haben dadurch erfahren, dass wir sie ernst nehmen.

Das Verhältnis der Christen zu den Muslimen ist, trotz aller Schwierigkeiten, die faktisch gegeben sind, deswegen einfacher, weil die Christen auch ein Heiliges Buch haben. Am schwierigsten ist das Verhältnis zwischen Hindus und Muslimen. Wenn die Muslime zum Beispiel untereinander diskutieren, ob ein Hindu überhaupt eine Seele habe, und wenn nicht, warum er dann anders als ein Hund behandelt werden solle, dann wird die Geschichte delikat. Nach dem Verständnis der Muslime beten die Hindus nicht einen Gott an, sondern viele Götter – was ja faktisch nicht stimmt: Im hinduistischen Brahma ist der Ein-Gott-Glaube mitgegeben, wenn man ihn nur finden will. Das Verhältnis zwischen Hindus und Muslimen ist nicht nur theologisch schwierig. Schwierig ist auch das Miteinander in der konkreten Arbeitswelt. Am Anfang haben sich die Muslime auch im Krankenhaus geweigert, von dem gleichen Geschirr zu essen, das schon von einem Hindu benutzt worden war.

Das unreine Hindugeschirr

Als Jeannine einmal mit dem Auto in der Sindh-Provinz war, bettelte sie in einem Bazar ein Junge an: „Gib' mir etwas, damit ich heute Geld zum Essen habe!" Jeannine hat zu ihm gesagt: „Komm', setz' dich in meinen Wagen. Wir fahren zum nächsten Hotel und essen zusammen!" In diesem Hotel hat sie dann für sich und den Jungen Essen bestellt. Der Junge war dort als Hindu bekannt. Der Besitzer sagte: „Dem kann ich doch kein Essen geben! Sonst kommt keiner mehr in dieses Restaurant, wenn wir das Geschirr benutzen, das er benutzt hat!" Jeannine hat dann das Essen und das Geschirr bezahlt.

Es ist doch klar: Wenn ein Mensch dauernd mit seelischen Fußtritten behandelt wird, wie soll er dann ein gesundes Selbstbewusstsein entwickeln? Ständig müssen die Hindus Diskriminierung erleiden. So wie auch die Christen im Punjab. Das ist dann wirklich die harte Erfahrung von „Minderheit". Ihnen wird die Menschenwürde abgesprochen. Sie sind nur noch Abschaum. Das ist auch heute nicht viel anders geworden, denn daran wurde nie gründlich gearbeitet.

Zuflucht nach dem Pogrom

Es war das bislang schlimmste Pogrom gegen die Hindus. Muslime waren in eine Hindusiedlung eingedrungen und hatten zahlreiche Menschen wahllos erschossen, die Hütten und Häuser niedergebrannt. Einer unserer muslimischen Fahrer fuhr daraufhin mit einem Kleinbus viermal hin und her und brachte die verletzten Überlebenden zu uns ins Krankenhaus. Die meisten derer, die auf der Station arbeiteten, waren Christen, aber es gab auch einige Muslime. Wir brachten die Opfer im sechsten Stock des Krankenhauses unter, weil man dadurch mögliche Angriffe auf die verletzten Hindus leichter abwehren konnte. Die Mitarbeiterinnen und Mitarbeiter in der Küche mussten mit einem Mal 150 Portionen mehr an Verpflegung produzieren. Das haben sie mit Bravour gemeistert. Die verängstigten und verletzten Menschen blieben fünf Tage bei uns im Krankenhaus, bis sie wieder im Stande waren, in ihr zerstörtes Zuhause zurückzukehren.

In einer solchen Katastrophe kommt alles zusammen: ethnische Auseinandersetzungen, religiöse Feindschaft und die Geschichte Pakistans. Bei der Teilung Indiens 1947/48 kamen Ströme von muslimischen Flüchtlingen ins Land. Damals kam es auch zu blutigsten Pogromen. Das ist nach wie vor ein fruchtbarer Boden für Gewalt.

Das Tempelfest in Adam Goth

Das Schönste in der Hindu-Siedlung Adam Goth war, als die Bewohner den Mut aufbrachten, ihren eigenen Tempel zu bauen. Sie errichteten ihn auf einer Anhöhe, so dass er schon aus einiger Entfernung zu sehen war. Am Tag, an dem der Tempel eingeweiht wurde, sind wir erst einmal mit der Statue der Hindugöttin in einer Prozession durch die ganze Siedlung gezogen. Dann haben wir die Göttin im Tempel feierlich inthronisiert. Als Festessen haben die Hindus ihr traditionelles Reisgericht Biriani gekocht. Die Gäste dieses Festes waren zu 60 Prozent Muslime. Unglaublich aber wahr: Sie nahmen teil an einer religiösen Hinduzeremonie und aßen das Essen, das Hindus gekocht hatten! Da war ich platt vor Staunen. So kann dem verbreiteten und tief sitzenden Hass wirksam entgegengewirkt werden.

Die Straßenfegersiedlung

Die Frage, warum wir in Pakistan fast nur für Menschen anderer Religionen und nicht für Christen gearbeitet haben, wurde mir schon oft gestellt. Ich gebe zu, dass diese Frage eine gewisse Berechtigung hat. Jeannine und ich haben einmal in Quari, einer fast ausschließlich christlichen Siedlung von Straßenfegern zu arbeiten begonnen. Die *Sweepers* zählen zu der untersten sozialen Gruppe, die es in Pakistan gibt. Wir haben dort die Schule übernommen und dann auch ein *Community-Development*-Projekt angeschlossen: Viele dort hatten ein akutes Drogenproblem. Wir haben uns besonders um die Frauen gekümmert, die von den Männern immer wieder verprügelt wurden, wenn sie kein Geld nach Hause brachten. Eine Zeit lang haben wir dort wirklich gut gearbeitet. Dann hat die Kirche das Projekt übernommen und wir konnten uns zurückziehen.

Unsere Zielgruppen in Pakistan waren Leprapatienten und all jene, die in der Gesellschaft als Außenseiter behandelt wurden. Das waren nun einmal vor allem Hindus. Christen sind in unser Programm über die Randgruppe der Straßenfeger hereingekommen, nicht wegen ihrer Religionszugehörigkeit. Christen haben ein Heiliges Buch und verehren *einen* Gott, sie werden also nicht so diskriminiert wie die Hindus. Erst in letzter Zeit, im Zuge der allgemeinen Verschärfung ethnischer und konfessioneller Unterschiede, ist ihre Lage schlimmer geworden.

In Karachi gehen die Kinder dieser Straßenfeger in unsere Schule und versuchen danach, aus ihrer Randgruppe herauszukommen. Unsere Schulen verlangen ein so geringes Schulgeld, wie man es an anderen Schulen nicht findet. Zuerst einmal unterhalten wir solche Schulen für diese Randgruppen. Aber die nächsten, die dann kommen, sind immer Muslime. Man muss aufpassen, dass sie die Kinder aus der Randgruppe nicht wieder herausdrängen, einfach dadurch, weil sie in der Überzahl sind.

Die Tatsache, dass Hindu- und Muslimkinder in die gleiche Schule gegangen sind, wird nachhaltig bleiben. Diese Erfahrung wird die Kinder beider Religionen für ihr späteres Leben prägen. So kann sich langsam, sehr langsam, vielleicht etwas ändern. Man kann den sehr komplexen Grundkonflikt nicht dadurch lösen, dass man große Projekte macht. Sie bleiben ohne Wirkung. Kleine Projekte können nachhaltiger sein.

Die Arbeit auf diesen Feldern ist ungemein zäh und voller Widersprüche. Und sie ist immer wieder auch bestimmt von plötzlichen Einbrüchen. Aber wenn wir Kindern in dieser Richtung Hilfe geben, dann ändert sich schließlich etwas. Es braucht eben Geduld, Beharrlichkeit und Zeit. Die Lage ändert sich schnell und ständig. Da sagen Statistiken zwar nicht viel aus, aber wir müssen sie erstellen. Am Beispiel der Lepra-Statistik wird das deutlich: 2008 waren 90 Prozent der Patienten aus Swat rehabilitiert. 2009 mussten wir sie wieder aus der Erfolgs-Statistik herausnehmen.

Wenn man da keinen langen Atem und keinen Humor hat, um anzuerkennen, dass das Leben eben so läuft und nicht anders, dann kann man gleich aufhören. Technokratisch geprägten, europäischen Augen muss es wie das perfekte Chaos erscheinen, ohne jede erkennbare Struktur. Wir müssen erst einmal mindestens zehn Jahre arbeiten und dann das Ganze mit der Zielvorstellung, die wir ja hatten und immer noch haben, vergleichen: Hier haben wir es geschafft, dort haben wir es nicht geschafft, die Gründe dafür sind: erstens, zweitens … Was können wir abstellen? Was nicht? Was noch nicht?

Was ist Zeit?

Eine Geschichte, die ich immer wieder gern erzähle: Ganz am Anfang unserer Arbeit haben wir zwei unserer Lepraassistenten zur Ausbildung als Krankenpfleger nach Deutschland geschickt. Es war im Monat November. Sie erzählten mir nach ihrer Rückkehr, dass die deutschen Bäume so seltsam, ja komisch ausgesehen hätten, Stielen ähnlich und ohne Blätter. Der eine von ihnen sagte: „Ich habe drei Monate gewartet, gewartet, gewartet. Aber die Bäume sahen immer noch so aus. Dann habe ich zu meinem Freund Samuel gesagt: ‚Die deutschen Bäume haben keine Blätter!'" – Wenn sich jemand von außen so ein Urteil über Pakistan erlaubt, dann schauen wir uns an, grinsen und sagen: „Die deutschen Bäume *haben* keine Blätter!"

Ich vertraue auf die Kraft der fünf Kerzen, die in der Nikolaikirche in Leipzig angezündet wurden. Vierzig Jahre lang. Immer wieder angezündet. So lange wie die Israeliten in der Wüste unterwegs waren. Nach 40 Jahren war Deutschland wieder vereinigt.

Wie lange hat es in der Schweiz gedauert? Wie lange wird es in Pakistan dauern? Was ist Zeit?

Kein Grund zur Überheblichkeit

Es hat sich in den fünfzig Jahren viel getan. Das ist gar keine Frage für mich. Schwer ist es herauszufinden, wo uns die geschichtliche Entwicklung mitgetragen hat und wo wir gegen den Strom geschwommen sind.

In der Arbeit mit den Mädchen und den jungen Frauen hat uns sicher die geschichtliche Entwicklung mitgetragen.

Bei der Forderung, dass man alles, was man macht, dokumentieren und dann noch Statistiken erstellen muss, da schwimmen wir bis heute gegen den Strom.

Dass heute junge Frauen in Pakistan – das ist noch keine Volksbewegung, aber immerhin – verlangen, dass sie den Mann ihrer Wahl heiraten dürfen, das kommt einer kleinen Revolution gleich. Sicher ist es schrecklich, dass heute in Pakistan immer noch und immer wieder junge Paare, die aus eigener und freier Entscheidung beieinander bleiben wollen, von einer Femejustiz, die oft von der eigenen Familie ausgeht, hingerichtet werden. Aber das zeigt eben auch, wie wichtig unsere Arbeit auf diesem Gebiet ist und weiterhin sein wird. Immer wieder haben wir solchen bedrohten Paaren in unserer Schule in Manghopir Unterschlupf gewährt.

Das als Entwicklungsprozess zu begreifen, ist für westliche Augen und Ohren unendlich schwer. Dort ist man an Folgerichtigkeit gewöhnt. Dort müssen die Dinge geradlinig verlaufen. Zumindest erwartet man das. Aber auch im Westen läuft es so oft anders. In den Familien genauso wie in vielen Teilen der Gesellschaft und der Politik. Auch in den Kirchen. Nur eben in anderen Kontexten als in Pakistan. Der Westen hat keinen Grund zur Überheblichkeit.

Nicht sehen und doch glauben

Für menschliche Entwicklung, gleich wo sie geschieht oder geschehen soll, braucht man langen Atem, Geduld und die Bereitschaft, zu bleiben, nicht zu sehen und doch zu glauben – wie das die Geschichte des Thomas zeigt, der nach Ostern Jesus begegnet. Man braucht Grundvertrauen. Die Israeliten haben in langen Jahrzehnten zweimal versucht, ins Gelobte Land zu kommen, obwohl sich ihnen schier unüberwindliche Hindernisse in den Weg stellten, obwohl sie die härtesten Prüfungen bestehen mussten.

Ich habe grundsätzlich nichts gegen Zeitangaben in der Planungsphase. Aber man muss mit ihnen auch flexibel umgehen dürfen. Wir hatten in der Leprabekämpfungs- arbeit eine Zeitansage von drei Jahren. Wir haben acht Jahre gebraucht! Wir wussten, dass die Methode, die wir entwickelt hatten, erfolgreich sein würde. Deshalb hatten wir die Geduld. Man muss unendliches Vertrauen in den Menschen haben.

Früher habe ich immer wieder den Satz wiederholt: „In der Regel geht es gut aus." Diesen Satz sage ich heute noch. Aber eher als eschatologischen Satz. Als eine Hoff- nung, deren Erfüllung wenigstens teilweise noch aussteht. Vielleicht bis zu jenem Tag, an dem die Gestalt dieser Welt vergeht. Das steht noch aus. Aber ich habe keine Möglichkeit, die es besser zum Ausdruck bringen kann, als eben damit: „In der Regel wird es gut ausgehen!" Ich bleibe trotzig bei dem, was ich einmal entdeckt und wo- für ich mich einmal entschieden habe.

Gott der Einzige

Die Religion bei Gott ist der Islam.
(Der Heilige Koran, Sure 3,19)

Gott, es gibt keinen Gott außer ihm, dem Lebendigen, dem Beständigen. Nicht überkommt ihn Schlummer und nicht Schlaf. Ihm gehört, was in den Himmeln und was auf der Erde ist. Wer ist es, der bei ihm Fürsprache einlegt, es sei denn mit seiner Erlaubnis? Er weiß, was vor ihnen und was hinter ihnen liegt, während sie nichts von seinem Wissen erfassen, außer was er will. Sein Thron umfasst die Himmel und die Erde, und es fällt ihm nicht schwer, sie zu behüten. Er ist der Erhabene, der Majestätische.
(Der Heilige Koran, Sure 2,255)

Gott ist der Freund derer, die an ihn glauben; er führt sie aus den Finsternissen hinaus ins Licht. Diejenigen, die nicht glauben, haben die Götzen zu Freunden; sie führen sie aus dem Licht hinaus in die Finsternisse. Jene sind die Gefährten des Feuers und sie werden darin ewig weilen.
(Der Heilige Koran, Sure 2,257)

Wenn sie mit dir streiten, dann sag: Ich ergebe Gott mein Gesicht, und auch die, die mir folgen. Und sag zu denen, denen das Buch zuteil wurde und zu den Ungelehrten: Werdet ihr nun Muslime werden? Wenn sie Muslime werden, sind sie rechtgeleitet. Wenn sie sich aber abwenden, so hast du nur zu verkünden. Und Gott überschaut die Menschen.
(Der Heilige Koran, Sure 3,20)

Die große Liebe –
Gesichtspunkte des Handelns

Immer wieder werde ich gefragt, weshalb ich angesichts der tatsächlichen Probleme, der alltäglichen und allnächtlichen Wirklichkeit in Pakistan, den Mut, die Kraft und den Schwung für unsere notwendige Arbeit nicht verliere. Ich kann darauf keine einfache und schon gar keine systematische Antwort geben. Höchstens ein paar Gesichtspunkte nennen, die uns leiten.

Die Angst loslassen und springen

Gegen Blutegel kann man etwas tun. Wenig aber gegen Menschen, die zum Beispiel Naturkatastrophen verursachen. Es sind immer wieder Menschen, durch die wir immer wieder eine harte Grenze erfahren und die nicht selten ein tiefes und nachhaltiges Gefühl der Ohnmacht und in ihrer Folge Depression oder Resignation erzeugen. Resignation darf aber nicht das letzte Wort haben. Vor vielen Jahren sah ich einmal in Deutschland den schönsten Aufkleber, der mir je unter die Augen gekommen ist: „Was kann ein Einzelner denn tun? – Sagen zehntausend Menschen." Das ist ein Satz mit Humor, und er soll als solcher gelesen werden. Es ist auch ein Satz, der Energie freisetzen kann. Und wir brauchen Menschen, die aufstehen und losgehen. Die ihre Angst loslassen und springen. Wenn zehntausend Einzelne das tun – welche Kraft wird dann entfesselt!

Trotz und Treue

„Weitermachen ist unsinnig, Aufhören ist noch unsinniger, also machen wir weiter!" Ganz nüchtern habe ich mir immer wieder diesen Satz gesagt. Darin steckt von Anfang an eine Menge Trotz und die Haltung des „Dennoch". Man kann es auch als Treue bezeichnen. Aufgeben gefällt mir einfach nicht. So bin ich eben gemacht.

Wir brauchen den Anfängergeist als durchlaufende Lebens-, Denk- und Handlungsperspektive. Weiter als mit dem immer wieder erneuerten Anfang kommen wir auch gar nicht. Das ganze Leben ist eine Folge von Anfängen, von immer wieder neuen Anfängen und Anfängen und Anfängen. Selbst in einem Zeitraum von 80 oder 90 Jahren eines Lebens hat man nur einen winzigen Prozentsatz seiner Selbstverwirklichung in Angriff nehmen können – wenn man es überhaupt gewollt und gemacht hat.

Aber schon der geringe Prozentsatz ist wichtig. Auch das sage ich aus einer Haltung des „Trotzdem". Niemals könnte ich sagen: Es kommt nichts heraus! Also sage ich: Es kommt etwas dabei heraus! Es lohnt sich, sich anzustrengen! Es lohnt sich nicht, sitzen zu bleiben. Und wenn man sich einmal in Bewegung gesetzt hat, dann muss man auch dranbleiben. Dort wo man sich hinbegeben hat, muss man auch gegenwärtig bleiben.

Unser Gott ist ein Gott der Gegenwart. Nicht nur des Heute, das dauert schon wieder zu lange. Unser Gott ist ein Gott des Jetzt. Ein Gott des Augenblicks. *Jetzt* ist die Zeit! *Jetzt* ist die Stunde! Keine Vertröstung auf die Zukunft! Jetzt! Jetzt, in dem Bewusstsein, dass etwas kommt!

Bezogen auf meinen Partner, auf Gott, heißt dies: Ich hätte nie auf der Stufe der guten und angenehmen Freundschaft mit ihm stehenbleiben können. Das war ein guter Einstieg, der mir sehr geholfen und der mich lange getragen hat. Aber entscheidend war, dass ich mich habe weiterführen lassen. Auch dahin, wohin ich nicht sofort wollte.

Für Christen ist das immer wieder neue Anfangen wichtig, weil wir uns eben „auf dem Weg" begreifen. In der Anfangszeit wurde das langsam entstehende Christentum die „Religion des neuen Weges" genannt. Das ist konstitutiv für einen Christen.

Aber es genügt nicht. Anzufangen ist fast immer einfach. Dabeizubleiben ist schwierig. Treue ist wichtig. Am Ball zu bleiben, ist wichtig. Ich finde es selbstverständlich zu bleiben, auch wenn ich das, was ich angefangen habe, nicht vollenden kann. Das ist kein Widerspruch. Das Unmögliche verlangt Gott nicht.

Zusammen etwas tun

Noch einmal, weil es mir sehr wichtig ist: Einer meiner Grund-Sätze war: Es geht in der Regel gut aus. Da habe ich im Laufe des Lebens und meiner Erfahrungen zu differenzieren gelernt. Der Satz ist gut für eine Situation, die plötzlich eintritt und die risikoreich ist. Ob das global auch so ist und so sein wird, weiß ich nicht – da bin ich skeptischer geworden.

Ich werde ewig dafür dankbar sein, dass ich nicht in die Politik eingestiegen bin. Gelegentlich war ich sehr nahe dran. Aber Gott sei Dank habe ich diesen Schritt nie vollzogen. Ich wüsste nicht, wie das ausgegangen wäre. Ich sage nicht, dass Zusammensitzen und reden und reden, dass all die Meetings, die Besprechungen nicht sinnvoll sein können. Aber wenn man will, dass im Leben etwas wirklich geschieht, dann muss man irgendwann aufhören zu reden, den großen Wurf zu diskutieren. Man muss in den Nahraum gehen und sich die Hände schmutzig machen. Das ist mir immer das Wichtigste geblieben: Zusammen etwas *tun*, nicht nur zusammen etwas bereden. Nicht nur zu sitzen, sondern aufzustehen und loszugehen – wenn nötig, sogar zu springen! Beim Tun ergibt sich dann fast alles andere – vor allem Verständnis. Weil man dem anderen nahe ist. Das könnten sich die Politikerinnen und Politiker nicht leisten. Sie haben nicht so viel Zeit. Ich könnte mich auch nicht als „für Pakistan verantwortlich" bezeichnen. Aber ich kann Verantwortung für ein konkretes Projekt übernehmen.

Das Eigentliche ist noch etwas anderes

Ich habe die Religion nicht gefunden, sie hat mich gefunden. Die endlosen Diskussionen über das Christentum und seine Impulskraft für das menschliche Handeln kann ich nicht wirklich nachvollziehen. Als ob das Christentum ein Vorratslager wäre, aus dem ich mich bedienen könnte! Wenn man Christin oder Christ ist, dann ist man es eben!

Dann könnte man genauso gut fragen: Was kommt für dich dabei heraus, wenn du atmest? Die schlichte Ge-

genfrage: Wie kann man leben, ohne zu atmen? Ein Christ wird nach einiger Zeit so fühlen.

„Es war wie wenn du deine große Liebe triffst", so habe ich einmal meine Ursprungserfahrung in Pakistan beschrieben. Auch nach einem halben Jahrhundert in Pakistan nehme ich immer noch als erste und letzte Begründung für mein Tun das Bild der „großen Liebe". Auch auf die Frage: „Warum liebst du gerade diesen Mann und keinen anderen?", kann niemand eine Antwort geben. Und auch ich weiß nach fünfzig Jahren nicht, warum *wir* zusammengeblieben sind, *er* und ich. Aber eines kann ich sagen: Mein Ich würde sich auflösen, wenn ich eines Tages keine Christin mehr wäre. Zwischen meiner Identität als Person und meiner Religion gibt es einen unlösbaren Zusammenhang, eine unbedingte Verknüpfung.

Meine erste Liebe hat sich natürlich weiterentwickelt. Wenn zwei in ihrer ersten Liebe stecken bleiben, werden sie irgendwann auseinandergehen. Es würde nicht genügen. Wenn sich aber die erste Liebe zu einer gegenseitigen Treue entwickelt, dann bleibt man zusammen. In einer wirklichen Liebe muss man dem jeweils anderen über bestimmte Strecken das Recht einräumen, dass man ihn nicht versteht, dass er einem fremd bleibt. Sonst soll man gar nicht erst anfangen.

Als die Menschen den Namen „Gott" erfunden haben, haben sie ihn nicht als Gedankenkonstrukt, sondern als Anrufung erfunden. „Gott" ist ein Name, mit dem man einen ungekannten und unbekannten anderen anspricht, anruft. Der Angerufene hat eine persönliche Geschichte – seine Geschichte und seine Geschichte mit mir. Deswegen sage ich ja, dass aus meiner Liebe nichts geworden wäre, wenn er nur mein Freund, mein *boyfriend mit den blauen Augen* geblieben wäre. Das wäre einfach nur hübsch – mehr nicht. Ich räume Gott, meinem Partner, das Recht ein, der zu sein, der er ist. Er wird auch wissen, was er an mir hat und was nicht. Aber das kann nur er selbst sagen.

Die ganze Geschichte ist wirklich verrückt. Und sie ist aufregend. Wenn die Christen tatsächlich einmal anfingen, sich wirklich zu überlegen, was sie glauben und an wen sie glauben, dann wären die Kirchen noch viel leerer, als sie es heute sind. Oder vielleicht auch wieder voll!

Wir bleiben Christen, weil wir nicht wissen, was wir sind.

Vielleicht habe ich eine spezifische Begabung für Religion. Manche meiner Freunde fanden mich unerträglich, wenn ich in glücklichen Augenblicken mit ihnen sagte: Aber das Eigentliche ist noch etwas anderes! Für mich war der Eintritt in einen Orden die Möglichkeit, so nah an das Eigentliche zu kommen, wie man es als sterblicher Mensch überhaupt kann. Darin besteht meine äußerste und innerste Liebeserfahrung. In der ekstatischen Liebesliteratur wird das Äußerste – Tod, Leid, Schmerz, Freude – durchlässig für das Eigentliche.

Wellness-Liebe – nein, danke!

Mit zunehmendem Alter wird es mir immer unmöglicher, mein Verhältnis zu meinem Partner zu formulieren. Ich weiß nicht einmal, ob ich das je wieder kann. Eigentlich sollte man das ja auch gar nicht können.

Ich mache die Augen zu, sage „trotzdem", vertreibe mir die Zeit mit einer sinnvollen Beschäftigung, warte – oder warte auch nicht mehr – bis es soweit ist, dass er mir eine Antwort gibt. Wenn er mir keine Antwort gibt, ist das auch okay. Dann muss er wissen, wie ich durchkomme.

Ich habe diese Situation erwartet. Weil er so ist, wie er ist. Gott ist jenseits unseres Horizonts. Sonst wäre er nicht Gott. Er übersteigt alle unsere Vorstellungen. Gut und tröstlich finde ich es, dass er in der Person Jesu uns Menschen im Rahmen unserer Denk- und Vorstellungsmöglichkeiten „gesagt", uns eine Ahnung davon gegeben hat, wer *Er* ist. Im Neuen Testament sagt Jesus von sich: „Wer mich sieht, sieht den Vater." Genauer sagt er: „Aber Philippus! Wer mich sieht, *sieht* den Vater!" Was sehen wir denn, wenn wir auf Jesus schauen? Wir sehen das normale Leben eines Menschen, der in allem uns Menschen gleich geworden ist und durch dieses normale Leben die Welt und uns Menschen überzeugt hat, dass sich unser normales Leben, das *Leben*, im Raume des Heiligen, des Sakralen abspielt. Seit der Inkarnation *ist* das Leben, das Heilige.

Und wir sehen das Bleiben. Das Aushalten, das geduldige Verweilen in der Gestalt des Brotes. Das ist so verrückt, dass es für uns – nicht nur für mich – nicht fassbar ist. Wenn ein Muslim mich danach fragt, dann versuche ich auszuweichen. Das ist zu verrückt, man kann es nicht erklären. Er selber erklärt es auf *seine* Weise. Bis zu dem äußersten Punkt, an dem man diese Erklärung entweder erträgt oder nicht mehr ertragen kann und sich mit dem Nicht-Verstehen zufriedengibt.

Die mystische Literatur, vor allem die der Frauenmystik, ist voll von diesen Gedanken und Erfahrungen. Da ist auch vom Schrecken Gottes die Rede. Gottes Liebe kann sich auch in der Erfahrung des Schreckens zeigen. Jedenfalls niemals nur in der Gestalt der fließenden, angenehmen Wellness-Liebe. In den Berichten mystischer Erfahrungen taucht immer wieder die Bezeichnung Gottes als „verzehrendes Feuer" auf. Als Feuer, das wärmt und verbrennt. Das ist verrückt. Im wahrsten und genauesten Sinne des Wortes: ver-rückt, vom Ort des Normalen weg-gerückt.

Wenn mich vor allem junge Menschen nach dieser Verrücktheit, nach meinem Glauben, der sich darin ereignet, fragen, dann antworte ich: „Fragen Sie mich jetzt nicht nach dem, was ich glaube. Das dürfen Sie mich fragen, wenn Sie in meinem Alter sind. Vielleicht ist es besser, wir unterhalten uns darüber, was ich geglaubt habe, als ich in Ihrem Alter war."

Es stimmt, was jemand mal gesagt hat: Gewisse Botschaften der Bibel kann man nur verstehen, wenn man die dazugehörige Lebenserfahrung hat.

Das Schweigen Gottes: eine Weise seiner Gegenwart

Dass Er im Laufe meines Lebens seine Wege geändert hat, mich andere Wege hat gehen lassen und mich andere Wege gehen lassen wird als jene, die ich, wenn es allein nach mir ginge, einschlagen würde, das habe ich erwartet. *Er* ist so. Darüber denke ich wenig nach. Es führt ja doch zu nichts. Ich beschäftige mich besser mit dem Nahraum, der mir zugänglich ist, den ich sehen kann, der mich betrifft. Wenn ich auf Station zu den

Patienten gehe, wenn ich in der Ambulanz im Afghanen-camp sitze, wenn ich im Jeep über die Pisten Baluchis-tans fahre, verschieben sich die Schwerpunkte. Die Fragen holen mich erst in meinem Zimmer ein.

Bei meinen Begegnungen mit älteren Menschen in Deutschland bin ich immer wieder erstaunt darüber, wie wenig darüber nachgedacht wird, dass Gott so oft schweigt, nicht spürbar anwesend ist. Ich bin davon über-zeugt, dass die Abwesenheit, das Schweigen Gottes, eine Gestalt seiner Anwesenheit sein muss, so paradox sich das anhören mag. Das Schweigen Gottes kann eine au-thentischere Form der Anwesenheit sein als alle anderen Formen, authentischer jedenfalls als das Geplappere, als das Gottesgeschwätz, das wir so oft veranstalten.

Klar, auch ich habe meine Klagen und Fragen, meine Ein-wände Gott gegenüber. Aber sobald ich im richtigen Le-ben „vor Ort" bin, hat das Leben seine eigene Balance. Ich muss nur die Augen aufmachen. Ich flüchte aus dem Ghetto meiner Gedanken, Ängste und Zweifel einfach ins Leben. Im reinen Denken kann man sich nicht lange auf-halten. Das ist dann nur noch ein virtuelles Leben. Solche Virtualität wird heute in den westlichen Gesellschaften massenhaft angeboten. Aber das ist nicht das wirkliche Leben. Das wirkliche Leben tut weh, und es tut gut, es hat Farbe, es fühlt sich an, es verwirrt und klärt, es hat eine Melodie und es schweigt. … Das muss man sich im-mer klar machen. Sonst bleibt man im Virtuellen und verpasst das richtige Leben.

Ich habe eine Schulkameradin, mit der ich vom ersten Schuljahr bis zum Abitur immer in der gleichen Klasse gewesen bin. Sie ist Studienrätin geworden und hat nicht geheiratet. Sie hat eine Schwester, die auch nicht verheiratet ist. Diese Schwester hat einen Schlaganfall erlitten. Nun hat sie ihr Leben dieser Schwester gewidmet. Ich habe den Eindruck, dass sich für sie, durch die ihr zugewachsene Aufgabe die Sinnfrage weitgehend erledigt hat. Es hat sich als ein Geschenk für sie erwiesen, so ungewöhnlich das erscheinen mag. Es hat ihrem Leben Sinn gegeben, sie wird gebraucht. Das kann man nicht *machen*, das wird einem geschenkt. In der westlichen Mentalität ist das nur schwer nachzuvollziehen.

Die Menschen in der westlichen Kultur kommen mir vor wie jemand, der an einer leeren Parfümflasche riecht. Die Sinngebung im Westen kommt natürlich aus dem christlichen Umfeld, hat dort ihre Quelle, ihren geschichtlichen Ursprung. Aber diese Quelle ist heute ziemlich versiegt, sie tröpfelt nur noch. Man akzeptiert den christlichen Grund nicht mehr so ungefragt wie früher. Auch deswegen, weil viele früher wirksame Stützstrukturen in der Gesellschaft weggefallen sind. Das kann man auch daran sehen, dass etwa das Ordensleben, diese Form der verrückten Existenz, immer schwerer gesellschaftlich zu vermitteln ist. Ein schwerwiegendes Hindernis dabei ist die erlesene Armut vieler Klöster. Ich habe sie in vielen Ordensniederlassungen in Europa angetroffen. Auch bei streng beschaulichen Orden. Das ist nicht im Sinne des Erfinders. Es gibt einen wenig bekannten Brief von Mutter Teresa an ihre Ordensniederlassungen in der ganzen Welt. Darin schreibt sie, die Schwestern mögen ihre Häuser so einrichten, dass die Armen sich nicht schämen müssten, einzutreten.

In den westlichen Gesellschaften gibt es einen Traditions-
bruch, den die Kirchen in seiner ganzen Tragweite noch
nicht hinreichend aufgearbeitet haben. In den Kirchen
bleibt vieles zu sehr nur „drinnen", man ist hier unter
sich, in gut eingerichteten, warmen Räumen. Es wird zu
viel über die Welt „draußen" diskutiert, anstatt nach
draußen zu gehen und sich den Wind um die Nase wehen
zu lassen. In Deutschland sind sehr viele Kirchengebäude
gut erhalten, und viel Geld wird dafür ausgegeben. Wenn
man Gottesdienste besucht, dann stehen meistens entweder polnische oder indische Priester aus Kerala, gelegentlich auch Priester aus Afrika am Altar.

Die alten Milieus lösen sich sichtbar auf, neue bilden sich
ganz zaghaft und oft im Verborgenen. Die Kirchen dürfen
nicht wie Thermoskannen sein, die nach innen warm halten und nach außen kalt bleiben. Sie müssen aufbrechen
und in die Nahräume gehen. Dorthin, wo sich das richtige Leben ereignet. Ansätze sind zweifellos da. Es würde
sich lohnen, sie einmal zu sammeln.

Die eschatologische Liste ist voll

Ich habe lange Zeit mit meiner eschatologischen Liste gearbeitet, auf der alle die Fragen stehen, auf die ich auf dieser Erde und in der Zeit meines Lebens keine Antwort bekomme. Sie will ich danach meinem Partner, Gott,
vorlegen und ihn um Antwort und Erklärung fragen.
Wie gesagt: Diese eschatologische Liste ist im Laufe meines Lebens übervoll geworden. Sie ist nun wegen Überfül-
lung geschlossen.

Ich habe heute eine sehr viel stärkere Tendenz zu Depressionen als früher. Depressionen gehören zu meiner Grundausstattung, haben mich das ganze Leben mal stärker, mal weniger intensiv begleitet. Die Frage ist, wie ich jetzt, wie ich heute damit umgehe. Jedenfalls fällt es mir schwerer als früher. Das liegt auch daran, dass ich im Alter nun nicht mehr so tätig sein kann. Früher konnte ich durch Aktivität gegen die aufkommende Depression angehen. Jetzt habe ich ganz andere Angstzustände und reagiere sehr viel stärker auf die Möglichkeiten des Scheiterns.

Meinen alten Satz, dass es in der Regel gut ausgeht, lasse ich aber durchaus noch für mein Leben gelten. Ich bin ja auch viele Male durchgekommen. Jetzt aber heißt es zusätzlich: Warum ging und geht es bei mir gut und bei den anderen nicht? Das ist nun die Hauptfrage. Manchmal bin ich verblüfft, dass es in der Regel für mich auch jetzt noch gut ausgeht.

Aber es geht eben nicht für alle gut aus.

Eine Frage an die Bibelkundigen: Warum hat Israel die Sonderstellung?

Die Psalmen sind voller Danksagungen für den rettenden Gott, aber keiner redet über die Reiter des Pharao, die im Roten Meer ertrunken sind. Sie sind auch nur einem Befehl gefolgt; es war doch nicht ihre Entscheidung, die Israeliten zu verfolgen?! Auch sie hatten eine Frau, eine Mutter, die um sie geweint hat, und Kinder, die ihren Vater brauchten.

Ich kann doch nicht weglaufen

Meine Erfahrung der Tragik in der Welt hat sich verstärkt. Sie bezieht viel mehr als früher jedes Unglück, jede Katastrophe mit ein. Ich weiß nicht, warum meine Mitarbeiter und ich nie geschnappt worden sind, wenn wir in gefährlichen Gegenden Pakistans gearbeitet haben, wo so viele andere Menschen auf schreckliche Weise umgebracht worden sind.

Ich denke zum Beispiel an den Bürgerkrieg im Großraum Karachi 1995. Der war absolut entsetzlich. Da wurden Menschen einfach abgeschlachtet. Den ältesten Sohn eines Mitarbeiters haben sie zu Tode gefoltert und den Eltern die Leiche in einem Sack vor die Tür gelegt. Aber *uns*, den aktiv in der Arbeit Stehenden, ist nie etwas passiert.

Irgendwie reicht es mir jetzt. Aber ich kann doch nicht weglaufen! Ich will es auch nicht. Ich bin da und bleibe, was sonst?

Die Welt ist so, wie sie ist. Entweder man betrügt sich und ignoriert die Tatsachen und die Wahrheit, oder man schaut in voller Aufmerksamkeit auf sie und nimmt sie wahr. Das erfordert keinen Heroismus, aber schon eine gute Portion tapferen Realismus.

Tapferkeit ist übrigens eine der klassischen Kardinaltugenden im Sinne von Thomas von Aquin. Von ihm stammt der Satz: „Tapferkeit ist die Fähigkeit, sich um eines höheren Gutes willen verwunden zu lassen." Dieser Satz war, ist und bleibt ganz wichtig für mein Leben. Man steckt nun einmal in diesem Leben. Es bleibt nur noch die Möglichkeit, es vorzeitig abzukürzen oder es bis zum Ende durchzustehen. Ich habe nicht vor, es abzukürzen. Das kostet jedoch seinen Preis. Manchmal denke ich, dass meine Schwierigkeiten, mich rechtzeitig medizinisch behandeln zu lassen, irgendwie mit der unterschwellig vorhandenen Suizidtendenz zusammenhängen. Diese Tendenz habe ich schon mit dreißig Jahren gehabt. Ich hatte damals schon den Wunsch, das Leben kurz zu halten. Mit entscheidend dafür waren sicher meine frühen Kriegserfahrungen. Wie reflektiert das damals war, weiß ich nicht.

Als sich gegen Ende des Kriegs die Flüchtlinge aus Dresden über Leipzig ergossen: Das sind Eindrücke, die ich nie vergessen habe. So etwas kann man nicht vergessen. Ich war damals etwa 15 Jahre alt. Oder die Bombenangriffe, denen man vollkommen ohnmächtig ausgesetzt war. Das waren Erlebnisse meiner Jugendzeit, die eine Grundstimmung erzeugt haben, die sich durch mein ganzes Leben hindurchgezogen hat. Das Gute daran war und ist, dass diese frühen Erfahrungen dazu beigetragen haben, dass ich nach Pakistan gegangen bin.

„Siehe, ich mache alles neu"

Der ganze Berg von Erfahrungen verbindet sich natürlich auch mit der Frage nach Gott. Er ist auch verbunden mit den gegenwärtigen Verständigungsstörungen zwischen Gott und mir. Wenn ich an all das unsinnige und unnötige Leid und den Tod von Menschen denke, dann liegt diese Frage nicht nur nahe, sondern sie ist auch erlaubt. Darüber kommt man nicht hinweg. Wie redet man dann darüber mit Gott? Das ist die Frage! Aber mit wem sollte man denn sonst darüber reden?

Im Horizont der christlichen Religion kommt noch die Frage nach dem Kreuz hinzu. Ich kann mit der ganzen theologischen Auseinandersetzung, ob Gott seinen Sohn als Sühne für die Vergehen und Sünden der Menschheit geopfert hat, nicht viel anfangen. Das ist mir zu abgehoben, zu wenig mit den radikalen Fragen des Lebens verbunden. Natürlich kann man die Frage schon stellen: Ist es wirklich nötig gewesen, dass Gott seinen Sohn geopfert hat? Ich sage vorsichtig: Es ist schwer, seine bedingungslose Liebe unter Beweis zu stellen ohne das.

Ich habe den Film „Die Passion Christi" von Mel Gibson nicht gesehen. Ich habe nur eine sehr sorgfältig geschriebene Rezension darüber gelesen. In diesem Film ist offenbar eine Szene, in welcher der, der das Kreuz trägt, zu seiner Mutter sagt: „Siehe, ich mache alles neu!" Das finde ich stark. Damit kann ich mich identifizieren, wenn es nötig ist. Ich muss mir einen solchen Film nicht anschauen. Ich lebe nahe genug an den grausamen Ausbrüchen des Menschen. Aber diese eine Szene finde ich wirklich stark. Dieser Satz, den Jesus unter der Last des Kreuzes zu seiner Mutter sagt, wäre für mich auch der einzige Zugang zu einer Antwort auf die genannte Frage. Eine Erklärung für die Tatsache gibt es nicht, dass man die äußerste Hingabe nur beweisen kann durch das äußerste Leid.

Karachi 1957. Drei Jahre diente diese Bretterhütte als Behandlungszentrum

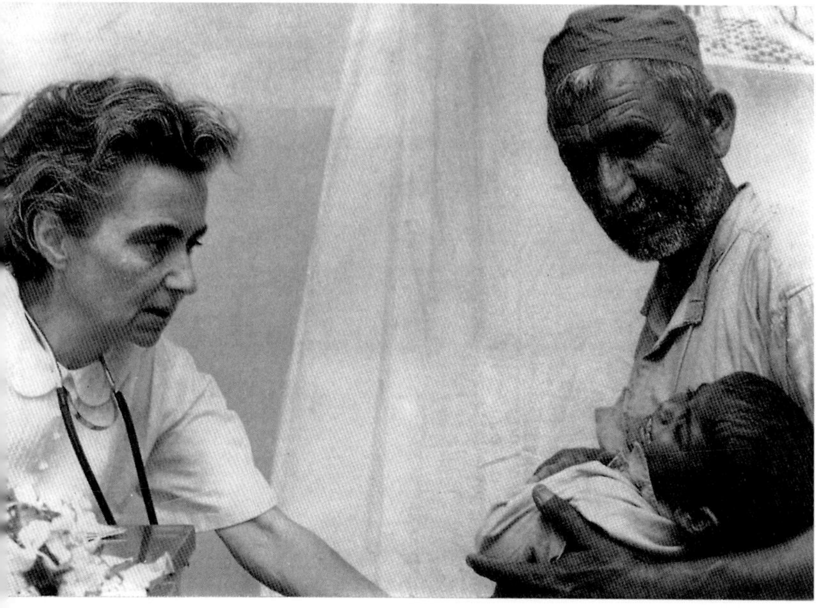

Sprechstunde

3: Unterwegs in der Leprakolonie. 1960

In den Bergen von Azad Kashmir

5: Frauen leben in einer geschlossenen Welt

6: Leprauntersuchung im Süden Pakistans

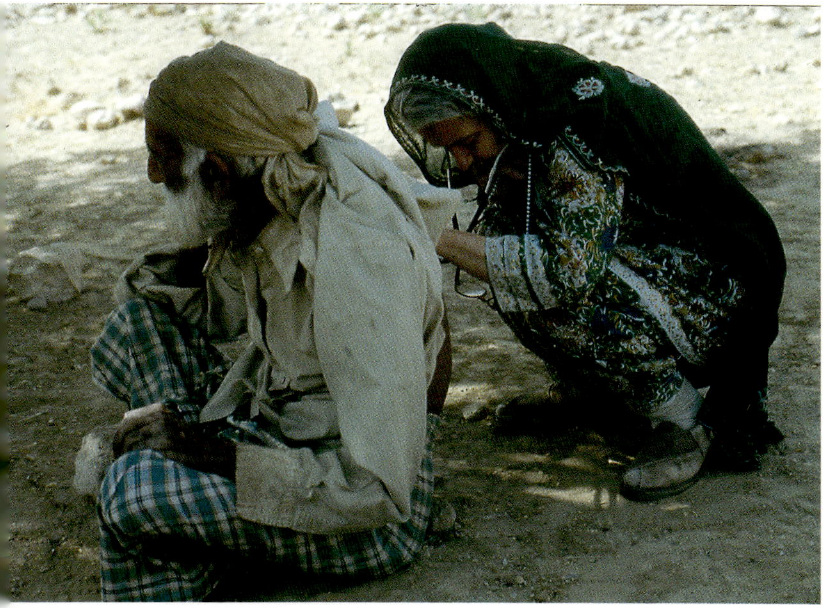

3: Visiten unter freiem Himmel

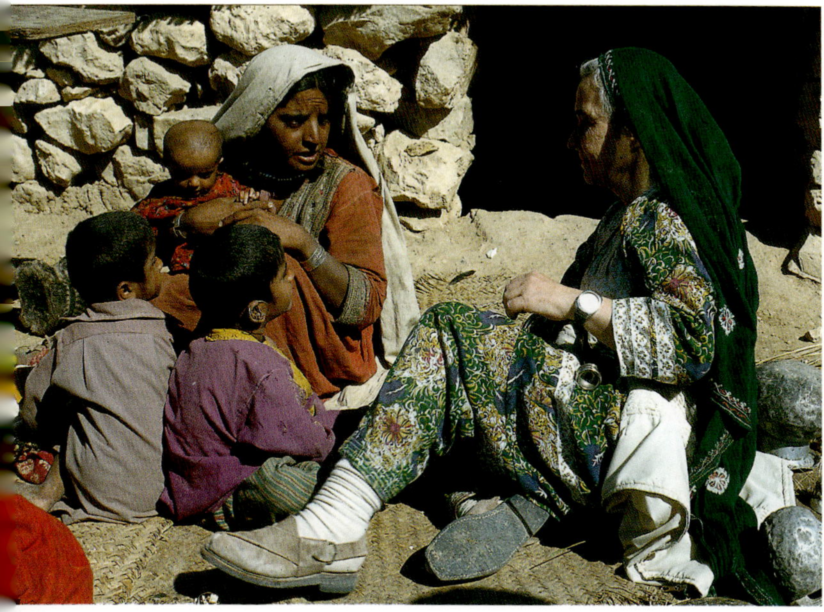

9: Medikamentenausgabe in der Steppe

10: Manchmal kann man sich ein Kamel leisten

Diese Pässe schafft nur der Mensch

12: Rast im Gebirge

13: Man muss auch Krankenblätter führen

4: Jeannine, Mitschwester und Freundin

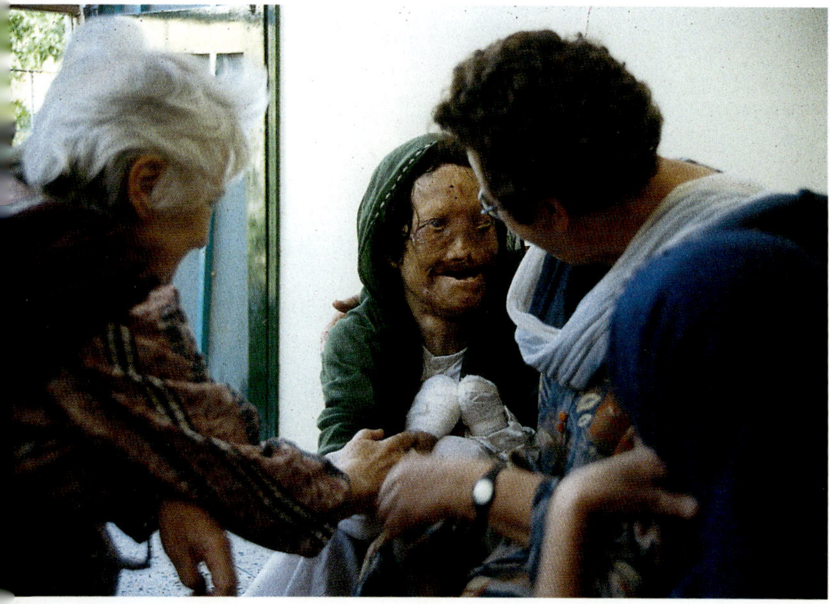

: Auch Lepra hat ein Gesicht

16/17: Kinderarbeit in Karachi

: Großvater und …

19: ... Enkelin

Konzentrierte Arbeit

21: Festtag in der Hindu-Siedlung Adam Goth

22: Auch der Hindutempel wird besucht

Unterwegs im Hohen Norden

Eine Straße in Karachi

25: Und hätte die Liebe nicht …

Das Christentum ist meine Identität

Für mich ist das Christentum keine Religion, sondern meine Identität. Das liegt jenseits jeder Diskussion. Es ist ein existenzielles Faktum, das ich immer als ein großes Geschenk empfunden habe. Das ist sicher auch für ernsthafte Muslime so. Es ist mir unmöglich, diese Identitätserfahrung zu negieren. Ich könnte niemals sagen: Es gibt keinen Gott und alle Geschichten von Jesus sind frei erfunden. Ich kann ihre Wirklichkeit nicht verneinen, weil ich die Wahrheit ahne, die mich hier und jetzt erreicht hat und immer noch angeht. In dieser Erfahrung spüre ich auch, dass ich wichtig bin für ihn, als seine Partnerin, durch die er die Welt erreicht. Diese Welt ist für ihn so wichtig wie für mich meine Erinnerungen an meine frühen Bergtouren in Azad Kashmir, an die Enziane und den Bergwind, und an die silbernen, singenden Bergbäche.

Das bedeutet andererseits nicht, dass mich die Frage des Leids in der Welt kaltlässt. Ich erfahre darin eine Leerstelle, die mit Gott und seiner Liebe etwas zu tun haben muss. Das macht mich depressiv. Aber gerade wegen dieser erfahrenen Leerstelle habe ich Hoffnung, auch wenn vieles dagegen spricht. Aber deswegen kann ich auch nicht verzweifeln.

Mir fehlt die klassische kirchliche Sozialisation. Ich habe mich ja erst spät auf eigenen Wunsch taufen lassen. Ich bin nicht ins Christentum oder die Kirche hineingeboren worden. Deswegen läuft bei mir auch diese Frage anders als gewohnt. Ich habe dieses verrückte Abenteuer nicht angefangen. *Er* hat es begonnen, und jetzt muss *er* dafür sorgen, dass es zu einem guten Ende kommt. Aber ich verstehe es nicht. Wahrscheinlich kann ich bis zum Jüngsten

Tag warten, bis ich es, vielleicht, verstehe. Ich weiß nur: Liebe ist unlogisch. Dagegen kann ich nichts machen. Wer sie erfunden hat, der hat sie unlogisch gemacht. Vielleicht deswegen, weil wir Frauen sonst nicht hätten mitmachen und *er* uns nicht hätte halten können? – Er wollte offenbar nicht auf uns verzichten.

Was ist das für eine Freiheit?

Mit der unbedingten Liebe verschärft sich die Frage nach dem Leid, den Schmerzen und dem Tod der Menschen. Und auch die Frage nach dem menschgewordenen Gott. Warum hat der Mensch eine solch unheilvolle Veranlagung zu Mord und Grausamkeit, zum Machtmissbrauch, zu himmelschreiender Ungerechtigkeit und brutaler Aggression? Wieso, wenn er nach Gottes Ebenbild geschaffen ist? Hat Gott dann nicht auch diese dunkle Seite, die der Mensch ebenbildlich widerspiegelt? Liegt dann nicht auch das Böse in Gott selber? Solche Fragen sind dann nur konsequent. Gott hat uns so geschaffen, dass wir fragen. Die Freiheit, die er uns geschenkt hat, schließt die Möglichkeit der Entscheidung zum Bösen ein. Was ist das dann für eine Freiheit? Sicher hat sie etwas mit der Liebe zu tun. Wenn *er* sich auf die Liebe eingelassen hat, dann muss er auch den Menschen die Freiheit geben. Denn wie könnte man ohne Freiheit lieben? Aber Freiheit schließt auch die Freiheit zur Aggression mit ein. Wenn wir diese Möglichkeit nicht hätten, dann wäre alles nur wie Tante Annas Lindenblütentee: ein warmes Wellness-Gefühl, das die Ursache nicht angreift. Er hat es offenbar ernst gemeint, als er uns diese Freiheit gegeben hat. Und er hat sie nie zurückgenommen.

Die Frage lässt mich nicht los: Wenn diese tödliche Freiheit so viel Unheil schafft für andere, wenn Menschen hingemetzelt werden, warum greift *er* dann nicht ein? Was ist das für ein seltsamer Gott, der zuschaut und es geschehen lässt? Ich kann es nicht verstehen. Aber es ist so. Diese Frage bleibt. Es ist die Frage Jesu am Kreuz selber: „Mein Gott, mein Gott, warum hast du mich verlassen?" Diese Frage nehme ich mit, wenn ich sterbe. Mir gefällt das alles auch nicht. Aber wenn die Tatsachen so sind, dann kann ich sie auch nicht ändern. Leben lernen heißt auch, sich damit abfinden, dass man bestimmte Dinge, bestimmte Zustände nicht ändern kann. Und sie doch zu ändern versuchen muss. Denn die Auswirkungen wenigstens kann man doch öfters unterlaufen. Wir können wenigstens das Raubtier in uns selbst zu zähmen versuchen, wenn wir es schon im anderen so selten schaffen.

Man muss sich ganz nüchtern und klar bewusst machen, dass man selber zu Schrecklichem fähig ist. Wer kann für sich selbst die Hand ins Feuer legen?

Die Frage treibt mich auch in Pakistan um. Im Blick auf die Taliban zum Beispiel, die schreckliche Terroranschläge verübt, die unschuldige Menschen sinnlos in den Tod reißen. Warum regt sich da kein Widerstand unter den Menschen? Die Taliban hat so grausame Rachemethoden praktiziert, dass die Menschen blanke Angst verspüren und aus Angst gewisse Risiken hier nicht eingehen (können?).

Das war bei den Naziherrschern genauso, bei Stalin, bei Pinochet, im Jugoslawienkrieg, in Srebrenica, bei Saddam Hussein; und es ist so im Regime der Mullahs im Iran des Ahmadinedschad. Das wiederholen wir scheinbar ohne

Ende. Diese nicht abreißende Wiederholung lässt viele Menschen die Gottesfrage auf eine verzweifelte Weise und voller Angst stellen. Wer ist es, der solches zulässt? Welche Freiheit hat er uns gegeben? Vielleicht ist doch alles anders, als das, was wir uns über Gott zurechtgedacht haben?

Gott ist größer und ganz anders

Wir haben im Grunde immer gewusst, dass alles, was wir über Gott sagen, weniger zutrifft als das Gegenteil davon. Das Erstaunliche ist, dass die Menschheit ohne diese Frage nach Gott nicht leben kann. Jetzt, da wir an die Grenzen der technischen Entwicklung kommen, stoßen wir auch an die Grenzen unserer Gottesbilder. Vielleicht haben wir Gott bislang mit unseren Vorstellungen klein gemacht?

Ich möchte keinem zumuten, sich wirklich in den Hitzestrahl Gottes zu stellen. Gott hat von uns zu viel erwartet und erhofft. Das Grundproblem des Fundamentalismus in allen Religionen ist es, nicht ertragen zu können, dass Gott unendlich größer, unfassbarer ist, als die Vorstellungen, die man sich von ihm machen will und kann.

Vielleicht haben wir aber auch vergessen, dass er sich selber darum gesorgt hat, dass wir es ertragen? Dass er sich ja in seinem Sohn offenbart hat, der uns seine Gegenwart in so normalen Gaben wie Brot und Wein schenkte und der im Übrigen ein Zimmermann war, charmant und normal, und dann auch noch in Nazareth – ausgerechnet Nazareth! – gelebt hat?

Hat Gott seine Gnade vergessen?

Ich rufe zu Gott, ich schreie,
ich rufe zu Gott, bis er mich hört.
Am Tage meiner Not, suche ich den Herrn;
unablässig erhebe ich nachts meine Hände,
meine Seele lässt sich nicht trösten.
Denke ich an Gott, muss ich seufzen;
sinne ich nach, dann will mein Geist verzagen
Du lässt mich nicht mehr schlafen;
ich bin voll Unruhe und kann nicht reden.
Ich sinne nach über die Tage von einst,
ich will denken an längst vergangene Jahre.
Mein Herz grübelt bei Nacht,
ich sinne nach, es forscht mein Geist.

Wird der Herr mich denn auf ewig verstoßen
und mir niemals mehr gnädig sein?
Hat seine Huld für immer ein Ende,
ist seine Verheißung aufgehoben für alle Zeiten?
Hat Gott seine Gnade vergessen,
im Zorn sein Erbarmen verschlossen?
(Altes Testament, Psalm 77,1–10)

Liebe zum anderen setzt Selbstliebe voraus

Um andere lieben zu können, muss man sich ganz entschieden selber lieben. Ich liebe mich selber. Ich bin in der glücklichen Lage, dass ich das Christentum nicht inklusive aller Auslegungen der Jahrhunderte tradiert bekommen habe, sondern dass die Bibel für mich ein völlig neues Buch ist. Ich bin unbelastet von den Interpretationsversuchen der Theologen, der Exegeten, des kirchlichen Amtes. Existenziell haben sie für mich kein Gewicht. Als Kind bin ich davon weitgehend verschont geblieben. Ich entsinne mich nicht, dass ich zur christlichen Sonntagsschule gegangen bin. Das hat mich nicht erreicht oder geprägt.

Dass ich in nicht in der Kirche sozialisiert worden bin, hat bei mir zu einer stark individuellen Spiritualität geführt. Meine Lebensweise hat das ihre noch dazu getan. Dass man zum Glauben auch eine Gemeinschaft braucht, das ist mir niemals existenziell aufgegangen. Auch in den Orden bin ich nur wegen der Faszination des Individuellen eingetreten. Die Freiheit der individuellen Entscheidung war, ist und bleibt mir wichtig. Wenn ich mich entschieden habe, dann bleibe ich bei dem, wozu ich mich entschieden habe. Die Freiheit der Entscheidung ist keine Machtfrage. Ich lasse mir von niemandem etwas diktieren.

Hat das wenigstens etwas dazu beigetragen, dass ich anderen offener begegne? Ich hoffe es. Dass „der andere" wichtig ist, kostbar ist, bis dahin, dass unser Herr ihn für wichtiger als sich selbst gehalten hat (!), ist wohl ein selbstverständlicher Antrieb in meinem Leben. Ich wollte, es gäbe etwas Ähnliches im Koran, damit wir aus der jetzigen menschenverachtenden Mörderei herauskämen.

Ewiges Leben – eine offene Stelle

Wie das ewige Leben aussieht, an das wir Christen glauben, das ist völlig offen. Logischerweise. Darin liegt auch ein deutlicher Unterschied zum Islam. Die Muslime haben eine klare Vorstellung davon, wie es nach diesem Leben weitergeht. Für Christen bleibt das eine offene Frage.

Ich glaube, dass es ein ewiges Leben gibt. Dass es eine Vollendung in Liebe ist, dessen bin ich mir sicher. Aber wie es im Einzelnen aussieht, das male ich mir nicht aus, dazu fehlt mir die Phantasie. Das wäre auch Zeitverschwendung. Denn wir können es prinzipiell nicht wissen.

Wenn sich eine der atemberaubend herrlichen Landschaften Pakistans vor mir entfaltet, denke ich manchmal, dass dies ein schwacher Abglanz dessen sein könnte, was mich „danach" erwartet. Darüber hinaus stelle ich mir jedoch nichts Konkretes vor. Ich meine aber, dass es in der Logik dessen liegt, an den ich glaube, dass das Irdische nicht das Letzte sein kann, dass er es aber auch in der Vollendung nicht verlieren möchte.

Die Vorstellung von einer stufenweisen Entwicklung zur Vollendung wie etwa im Sinne der Wiedergeburt, der Reinkarnation, ist mir völlig fremd. Das wäre für mich ein fürchterlicher Albtraum. *Ein* Leben genügt! Und das sollte intensiv gelebt werden! Karl Rahner hat einmal auf die Frage, warum er nicht an die Reinkarnation glaube, kurz und lapidar geantwortet: „Einmal reicht!"

Ich glaube auch deswegen nicht daran, weil ich zu kostbar bin, als dass man mich reproduzieren könnte. Dass ich eine unsterbliche Seele habe, das steht für mich außer Frage. Sonst wüsste ich nicht, wie ich in meinem persönlichen Leben und mit all dem, was auf dieser Erde passiert, zurechtkäme. Irgendwo muss sich alles einmal lösen, müssen die Widersprüche in sich zusammenfallen. Ich bin auch viel zu neugierig und muss auch viel zu viel aufschieben, was ich hier nicht erledigen kann, als dass ich mich nicht auf ein großes Danach verlasse. Außerdem kenne ich viele Menschen, die ich gerne wiedersehen möchte. Alle Träume der Menschen, alle ihre Sehnsüchte gehen doch irgendwie in diese Richtung. Wie sollte diese Sehnsucht auch ins Menschengeschlecht eingesenkt sein, wenn es dahinter nichts gibt? „Alle Lust will Ewigkeit, will tiefe, tiefe Ewigkeit", sagt Nietzsche. Für mich ist damit die Liebe gemeint. Diejenigen, die sagen: „Ich glaube nichts und mir fehlt nichts", tun mir wirklich leid. Überdies denke ich oft, sie machen sich etwas vor. Wenn sie nachdenken, vermissen sie *doch* etwas!

Die Frage nach Liebe und Tod zielt tiefer und weiter als über dieses endliche Leben hinaus. In der Liebe selbst wird ja diese Zielrichtung ganz offensichtlich. Das Leben ist tiefer und weiter als alles, was ich hier zu fassen versuchen kann. Da muss jemand wirklich sehr beschränkt sein, wenn er nicht irgendwann einmal merkt, dass er im Keller wohnt, aber einen Palast zur Verfügung hat.

Von der Nachfolge

Als Jesus die vielen Menschen sah, die um ihn waren, befahl er, ans andere Ufer zu fahren. Da kam ein Schriftgelehrter zu ihm und sagte: Meister, ich will dir folgen, wohin du auch gehst. Jesus antwortete ihm: Die Füchse haben ihren Bau und die Vögel ihr Nest; der Menschensohn aber hat nichts, wo er sein Haupt hinlegen kann.

Ein anderer, der sein Jünger war, sagte zu ihm: Herr, lass' mich zuerst heimgehen und meinen Vater begraben! Jesus erwiderte: Folge mir, lass' die Toten ihre Toten begraben!
(Matthäusevangelium, 8,18–22)

Wie soll man das verkraften?

Ich bin dankbar dafür, dass mein Einsatz über das halbe Jahrhundert hin Erfolg gehabt hat. Es gibt sicher nicht viele Menschen, die das in ihrem Leben so klar erleben dürfen wie ich. Ich hätte es übrigens auch gemacht, wenn ich gewusst hätte, dass ich keinen Erfolg haben würde. Es einfach zu versuchen, ist immer noch besser, als nichts zu tun.

Zur Verrücktheit der verrückten Religion, die das Christentum ist und für die ich mich einmal entschieden habe, gehört auch die Erfahrung der Hilflosigkeit und Ohnmacht. Es sind Erfahrungen, die auch Jesus gemacht hat. Warum sollte eine Christin oder ein Christ, warum sollte ich eine andere Erfahrung machen? Und warum sollte ein Christ deswegen entsetzt, gelähmt oder betroffen in der Passivität verharren, wenn *Er* das auch nicht getan hat? Liebe ist ja per Definition verrückt, ver-rückt, von der normalen Stelle und besonders von sich selber weg-gerückt, in den Kreis des anderen gerückt. Das Leben ist kompliziert. Deswegen ist auch Humor gefragt.

Als Ordensfrau leben –
Das Verrückteste des Verrückten

Meine Spiritualität ist eng verknüpft mit der Entscheidung, als Ordensfrau zu leben. Ich hätte mir auch gut eine Ehe vorstellen können. Sie war sogar ganz konkret in der Diskussion und wäre, nebenbei gesagt, ein verrücktes Unternehmen gewesen: eine katholische Ehe!

Ich habe mich nach langem Suchen erst mit zwanzig Jahren zur Taufe entschieden. Der erste wirkliche Sprung war der Sprung ins Christentum. Was danach kam, war nur eine logische Weiterentwicklung dessen, was in diesem Sprung eingeschlossen war. Ich bin von meiner Natur her zum Extremen veranlagt. Wenn ich einmal etwas angefangen habe oder ich in einen Anfang hineingezogen worden bin, dann kann ich schwer stoppen, ehe ich den Weg bis zum Ende gegangen bin.

Die Möglichkeit, das absolut Verrückte zu tun, eröffnete sich mir dadurch, dass ich katholisch wurde. In dieser Entscheidung, die die Möglichkeit eines Ordenseintrittes mit einschloss, lag die Chance zum Äußersten einer Liebe – dem Äußersten, weil eben der Partner nie auszuloten war. Liebe habe ich immer als verrückt empfunden. Sie ist es ja auch. Diese Entscheidung war das Verrückteste vom Verrückten, das mir einfiel. Wenn ich heute zurückschaue, dann hat sich dieses Erleben mit den Jahren noch erheblich intensiviert. Wer sich das ursprünglich einmal ausgedacht hat, das weiß ich auch nicht. Das ist so verrückt, dass es gar nicht möglich ist, es zu erklären, nicht möglich, es eigentlich zu „denken": dass ein Mensch direkt und einfach so *Gott* angehören solle – so, dass er bewusst mitmacht!

Es gibt Entscheidungen im Leben, die man niemals begründen kann. Es sind existenzielle Entscheidungen. Eine Berufung ist eben eine Berufung. Man wird berufen. Man beruft sich nicht selber. Jemand beruft einen. Man kann die Berufung natürlich ablehnen. Die Freiheit hat man. Man kann sie aber nur um den Preis ablehnen, die bestmögliche Verwirklichung seines Lebens zu verpassen. Aber davon bleibt die Möglichkeit dieser wirklich irrsinnigen Idee unberührt, auch wenn ich sie nicht durchführe. Es werden da andere sein, die es tun. Die es versuchen zu tun.

Die englische Sprache hat eine schöne Unterscheidung anzubieten: „*I am in love*" oder „*I make love*". Eine Ehe, die für das Leben gelten soll, ist nur durchführbar mit „*I am in love*", nicht mit „*I make love*". Für den Ordensstand gilt das noch stärker. Beide setzen voraus, dass es die Liebe schon gibt, und dass man gemeinsam in sie eintritt und von ihrer Schönheit überrascht wird. Im Innerweltlichen ist dann sogar noch ein wenig Platz für „*make love*", wenn man es im ursprünglichen Sinne versteht.

Die drei Freiheiten

Armut

Unterwegs bin ich ihr am nächsten

In unserem Ambiente ist Armut nicht leicht zu leben. Selbst ich komme mit dem, was ich als Armut erlebe, kaum zu dem Punkt, dass der andere es als Armut empfindet. Ich müsste dann wirklich unter den gleichen Bedingungen leben wie die Armen im Lande. Es müsste dann, wenn es regnet, durch das Dach meiner Hütte tropfen, und ich müsste täglich kämpfen müssen, um meiner Familie das Notwendigste zum Leben zu beschaffen. Ich bemühe mich nach Kräften, in Armut zu leben. Gemessen an dem, was Ärzten in Pakistan ansonsten zusteht, lebe ich nicht üppig. Und es kommt auch bei den Menschen an, dass ich die Lebensweise meiner sozialen Schicht nicht praktiziere.

Wenn ich unterwegs war, dann war ich dem Leben in Armut, wie ich es leben wollte, am nächsten.

Keine Salonarmut

Während einer Reise im Hindukusch haben wir eine Nacht mit unseren Patienten in Wolldecken eingewickelt auf dem Boden um das Feuer herum geschlafen. Wegen der Rauchentwicklung kann man nur direkt am Boden schlafen. Es war eine richtig entspannte Nacht, denn ich dachte: Das ist sehr nahe an dem, was du wolltest!

Ich kann mich an Fahrten in Afghanistan erinnern, da war ich so hungrig, dass es schon weh tat. Wir haben jedes Stück Brot, das wir bekommen konnten, dem Fahrer gegeben, damit er nicht abbaute, denn wir mussten ja wieder rauskommen. Das war aber alles noch Salonarmut, denn ich wollte es ja so, ich hatte mir mein Leben so eingerichtet, und wusste, dass es bald wieder vorbei sein würde. Wirklich arm waren wir nach dem Zweiten Weltkrieg in Deutschland. Wir waren hungrig und froren. Das war keine Salonarmut. Wir hätten nicht aussteigen können. Richtige Armut ist aufgezwungen. Man verliert die Freiheit, und seine soziale Stellung.

Ich erinnere mich an eine Nacht im Jeep nach dem großen Erdbeben in Azad Kaschmir im Jahr 2005. Da gab es wirklich extreme Situationen. Meine Armut dort hieß: widerspruchslos anzunehmen, was kommt. Was mir immer am Schwersten fiel waren die hygienischen Bedingungen. Sie spotteten jeder Beschreibung. Übrigens sollte man das nicht einfach so hinnehmen; man sollte versuchen, sich und die mit einem Betroffenen so schnell als möglich davon zu befreien. Dazu dann noch der allgegenwärtige Kadavergestank, und der der nichtvorhandenen Toiletten. Das macht mir noch heute zu schaffen. Aber kann ich fliehen vor der Verantwortung, dies mit den Menschen zu teilen? Nein, das kann und will ich nicht, auch wenn es mir mit zunehmendem Alter schwerer fällt als früher. Armut ist immer eine kontextuelle Entscheidung. Im Krankenhaus in Karachi lebe ich vergleichsweise bequem in meinem Zimmer, das Arbeits- und Schlafraum zugleich ist. Wichtig ist, dass man sich an nichts so sehr hängt, dass man nur schwer (das ist noch okay) oder gar nicht mehr davon loskommt – dann läuft es schief.

Erlesene Armut

Wir finanzieren unser Projekt durch Spenden von Institutionen, Gruppen und Privatpersonen. Wenn ich in Deutschland unterwegs bin, komme ich auch mit kirchlichen Einrichtungen und Klöstern in Kontakt. Was ich da gelegentlich sehe, nenne ich „erlesene Armut". Ich sehe sie bei Weitem nicht immer, aber wenn es geschieht, tut mir das weh.

Ich habe mit der Kirche im engeren, institutionellen Sinn selbst nichts zu tun. Deswegen kann ich mir auch über ihr finanzielles Gebaren kein Urteil bilden und erlauben. Was mich bei meinem letzten Deutschlandbesuch 2009 aber wirklich betroffen gemacht hat, war die Tatsache, dass die meisten Kirchengebäude in sehr gutem Zustand sind. Aber drinnen sieht man kaum mehr einen deutschen Priester, sondern vor allem Polen, Inder und Afrikaner. Wie soll das gut gehen? Wenn ich richtig informiert bin, dann sind die Nachwuchszahlen weiter rückläufig. Eine Oberin in einem Kloster erzählte mir, dass in nur ein paar Jahren die Zahl der Novizinnen von 70 auf fünf zurückgegangen ist.

Und die Zahl der Kirchenaustritte ist weiter steigend. Aber äußerlich ist alles in sehr gutem Zustand.

Ich sehe die Kirche auch in der internationalen Perspektive. Die Zahl der Kirchenmitglieder hat sich schon längst zu Gunsten der südlichen Halbkugel verschoben. Die Europäer sind eine Minderheit geworden. Missionarische Impulse gehen von ihnen kaum mehr aus. Ich weiß allerdings aus eigener Erfahrung, dass es auch in den sogenannten „jungen Kirchen" Schwierigkeiten gibt, massive Schwierigkeiten sogar, den richtigen Weg zu finden.

Keuschheit

Geteilte Liebe sollte man nicht Liebe nennen

Liebe, die sich teilt, kann ich nicht verstehen. Voreheliche Keuschheit finde ich nur logisch, weil sie eben ungeteilte Liebe propagiert. Wenn ich verheiratet gewesen wäre, hätte es mir nicht gefallen, wenn mir mein Mann gesagt hätte: „Hör' mal, die Rita, die hat das aber viel besser gemacht!" Geteilte Liebe sollte man nicht Liebe nennen.

Als ich mich einmal für *den* Partner entschieden hatte, war alles andere „out". Natürlich habe ich noch Freunde, mit denen ich mich sehr gut verstehe. Aber die Entscheidung ist gefallen. Und sie hat sich im Laufe der Jahre als richtig erwiesen. Durch sie hatte ich alles, was ich brauchte. Das heißt nicht, dass ich auf die innerweltliche Liebe verzichte. Die Grundentscheidung zur Ehelosigkeit erfordert, dass ich auf zwei Dinge verzichten muss: Ich habe keine eigenen Kinder; das wiegt für eine Frau schwerer als für einen Mann. Und ich verzichte auf eine sexuelle Erfüllung.

Den Begriff Ehelosigkeit sollten wir mit einer positiven Aussage ersetzen. Er bringt nicht zum Ausdruck, um was es eigentlich geht. Als ich in den Orden eingetreten bin, gab es diesen Begriff noch nicht. „Keuschheit" war der offizielle Ausdruck. Wenn Keuschheit aus historischen Gründen nicht so abgegriffen wäre, wäre das durchaus ein besserer Ausdruck. Kein Wunder, dass wir kein passendes Wort mehr haben, wenn wir die Kostbarkeit, Einmaligkeit, Verletzlichkeit und die Scham in der Liebe verloren haben.

Für mich wird Keuschheit immer heißen: die größere Liebe. Was schrieb mir jetzt ein junger Mann aus Deutschland: „Das imponiert mir an Ihrem Leben, diese durchgeknallte Liebe." Gut! Es war ein Glückwunsch zu meinem 80. Geburtstag.

Dass es in einer Liebesbeziehung, in einer Partnerschaft auch Zeiten gibt, in denen die erste Liebe in die Krise gerät, das ist selbstverständlich. Liebe entwickelt sich. Eine Krise ist auch in dieser Hinsicht eine Chance, eine Zeit der Offenheit für neue Wege. Zurückkehren zur ersten Liebe kann ich nicht, weil sie sich entwickelt hat. Ein gute Sache ist es, wenn man sich in einer Partnerschaft, in einer Ehe, von Zeit zu Zeit daran erinnert wie es war, als man sich kennen gelernt hat. Für mich ist das die Zeit des Noviziats. Aber ein Zurück zum Anfang gibt es nicht. Das ist ungeschichtlich. Eine Liebe muss erwachsen werden. Wenn sie erwachsen wird, dann passt einiges aus der Kinder- und Jugendzeit eben nicht mehr. Wer meint, dass es in der Liebe ohne Krisen geht, der versteht von der Liebe nichts.

Gehorsam

Tun, was die Situation verlangt

Meiner Oberin in Karachi tut es gut, wenn ich zu ihr komme und mir die grundlegenden Erlaubnisse wieder bestätigen lasse. Das sollte jeden Monat geschehen. Ich vergesse es jedoch regelmäßig. Aber ich bekomme ja ohnehin kein Geld von meinem Orden. Ich habe jetzt mein materielles Testament gemacht. Meiner Oberin habe ich erklärt, warum ich es so gemacht habe, wie ich es gemacht habe. Das hat ihr gut getan. Früher waren die Oberinnen alle aus meinem Kulturkreis. Da ging es ganz anders zu. Dass ich in Pakistan arbeite, habe ich am Anfang mit meinem Orden abgesprochen. Ich bin also in einer Lebenssituation, die sowieso das Okay des Ordens hat. Das zweifelt auch heute in der Ordensleitung niemand an. Ich verhalte mich so, wie es die jeweiligen Lebensumstände von mir verlangen. Es würde keinen Sinn machen, wenn ich wegen jeder Kleinigkeit nachfragen würde. Wenn ich mir zum Beispiel ein paar neue Schuhe kaufen muss, dann hängt das von bestimmten Voraussetzungen ab, die ich doch nicht im Einzelnen begründen muss!

Die Praxis meines Gehorsams wird bestimmt vom Anruf des Tages. Im Anruf des Tages wird für mich deutlich, was mein Partner, was Gott von mir erwartet. Ich konzentriere mich darauf, diesen Anruf wahrzunehmen, zu verstehen und umzusetzen. In den aktiven Orden wird angesichts von Ordensregeln, die einer ganz anderen Zeit entstammen, immer noch experimentiert, um die der Gegenwart angemessene Gehorsamspraxis zu finden.

Da sind wir immer noch in einer Zeit des Umbruchs. Das wird auch noch eine Weile dauern. Der „Kadavergehorsam" des Ignatius von Loyola war auch geschichtlich bedingt. Er hat darunter die völlige Verfügbarkeit der Person verstanden. Seine Jesuiten haben den Begriff immer sehr großzügig ausgelegt. Eben kontextuell. Ich bin vollkommen damit einverstanden, dass ich mich für die „Befehle", die aus dem Kontext an mich ergehen, in denen also Gott zu mir spricht, verfügbar halten muss.

Ich habe im Laufe meines Ordenslebens massive Konflikte durchgestanden. Der Orden wollte einmal, dass ich Pakistan verlasse. Hätte ich mich dem Befehl gefügt, dann wäre das für hunderte, für tausende Menschen ein Verlust, wenn nicht eine Katastrophe gewesen. Um diese Zeit stand auch das Programm noch nicht. Da habe ich Nein gesagt und unter Berufung auf den Heiligen Thomas erklärt, dass mein Gewissen mir das verbiete. Das hat die Ordensleitung am Ende geschluckt. Sonst hätte ich es bis nach Rom durchgefochten.

Autorität muss sich beweisen. Und im christlichen Kontext gilt der *„servant leader"*, der Diener als Führer. Die Führungsrolle ist ein Dienst. Ein Jesuit, der in der Zeit, als ich nach Pakistan ging, mein geistlicher Begleiter war, sagte mir einmal: „Das übelste Surrogat für die Autorität ist die Pose." Die Versuchung zur Pose gab und gibt es immer wieder. Unter Pose verstehe ich den einfachen Reflex von „Befehl und Gehorsam" um seiner selbst willen, ohne Berücksichtigung des Kontextes.

Dass jeder macht, was er will, ist das andere Extrem. Das geht auch nicht, in keiner Partnerschaft, in keiner Freundschaft, in keinem Arbeitsverhältnis. Auch in keiner

Gruppe. In einem Gemeinschaftsverhältnis muss man sich arrangieren; man muss Rücksicht nehmen auf die Umstände des jeweils anderen. Es muss grundsätzlich die Möglichkeit gegeben sein, dass man sich einbringen kann. Wenn man einen Betrieb leitet, dann muss man auch die Grundlage dafür schaffen, dass die Mitglieder des Betriebes sich einbringen können. Wie weit sie sich einbringen können oder sollen, das ist und bleibt eine ewige Auseinandersetzung. Aber das Ringen darum ist produktiv. Sicher ist nur: Je mehr sich Menschen einbringen können, desto höher ist die Motivation und desto größer ist der Erfolg einer Arbeit.

Dass man in der Liebe immer verrückte Sachen macht, war von Anfang an meine Überzeugung. Mit dieser Grundhaltung hätte ich auch Kohlköpfe umgekehrt eingepflanzt und gewettet, dass sie anwachsen.

Eine Zeit lang habe ich damals, in der Situation des Konflikts mit der Ordensleitung, mit dem Gedanken gespielt, Pakistan zu verlassen, eben weil der Befehl so verrückt war. Aber wie schon gesagt: Dann bin ich doch in Pakistan geblieben, weil mein Ausstieg offensichtlich zu vielen Menschen geschadet hätte. Es hat sich dann herausgestellt, dass Pakistan der Ort auf der Welt war, an dem für mich alle Fäden meines Lebens und meiner Berufung zusammenliefen.

Das Senfkorn

Er sagte: Wem ist das Reich Gottes ähnlich, womit soll ich es vergleichen? Es ist wie ein Senfkorn, das ein Mann in seinen Garten säte; es wuchs und wurde zu einem Baum, und die Vögel des Himmels wohnten in seinen Zweigen.
(Neues Testament, Lukasevangelium, 13,18 – 19)

Der Sauerteig

Und er erzählte ihnen noch ein Gleichnis: Mit dem Himmelreich ist es wie mit einem Stück Sauerteig, den eine Frau unter drei Sea (13 Liter) Mehl mischte, bis das Ganze durchsäuert war.
(Neues Testament, Mattäusevangelium, 13,33)

Das Weizenkorn

Amen, Amen, ich sage euch: Wenn das Weizenkorn nicht in die Erde fällt und stirbt, bleibt es allein; wenn es aber stirbt, bringt es reiche Frucht.
(Neues Testament, Johannesevangelium, 12)

Pakistanische Perspektiven

Gewalt unterlaufen

Gewalt habe ich genug erlebt. Ich erlebe sie noch, und ich werde sie weiter erleben. Ich erlebe sie vorwiegend im Nahraum. Erträglich wird sie für mich dadurch, dass wir, wenn sie mir im Nahraum begegnet, immer etwas dagegen unternehmen können. Meine Erfahrung ist: Gewalt kann man meistens unterlaufen.

Einer unserer Lepraassistenten behandelte in einer Außenstation Patienten. Drei Männer, die plötzlich den Raum betraten, erschossen ihn. Alle drei waren Muslime und alle drei waren aus Baluchistan. Möglich ist, dass eine Frauengeschichte mit im Spiel war. Dieser Lepraassistent hatte im Rahmen seiner Arbeit auch Frauen als Freiwillige hinzugezogen und war sehr erfolgreich. Einige sagen, das sei der Grund für den Feuerüberfall gewesen. Obwohl sein älterer Bruder bei uns an einer wichtigen Stelle im mittleren Management als Angestellter tätig war, sind wir der Sache nie nachgegangen. Deswegen ist sie bis heute nicht aufgeklärt. Wir hätten es nicht tun können, ohne neue Gewalt heraufzubeschwören und Unschuldige der Folter auszuliefern.

Christin, eine unserer Krankenschwestern, verheiratet und mit vier Kindern, war, mit Ausnahme von zwei Patienten, die nicht reden wollten oder konnten, weil sie unter Schock standen, die einzige Augenzeugin des Vorfalls. Bei ihrer Vernehmung auf der Polizeistation konnte sie sich an den Mann, der geschossen hatte, nicht erinnern. Sie wusste nur noch, dass er eine beige Hose getragen hatte und erinnerte sich an die Hand, die in die Hosentasche geglitten war und den Revolver herausgeholt hatte. An mehr konnte sie sich nicht erinnern. Die Polizei drang aber immer wieder in ihren Kopf ein, weil sie ein Bild des Mannes brauchte, das in der Zeitung veröffentlicht werden sollte. Immer wieder bestellten sie diese Frau ein. Um diese Zeit hatte sie Zwillinge, die alle zwei Stunden gestillt werden mussten. „Du musst etwas aussagen!", verlangten sie. „Wir haben noch andere Mittel, um dich dazu zu zwingen. Eine Lüge ist keine Sünde, wenn sie zu einem guten Ergebnis führt." Ihre Antwort war: „In meinem Heiligen Buch steht aber geschrieben: ‚Wenn du aussagst, sage Ja oder Nein! Alles andere ist vom Bösen.'" Der vernehmende Polizist wusste nicht mehr, wie er mit dieser Frau umgehen sollte. Das nächste Mal bin ich mit zum Verhör, um Foltermethoden zu verhindern. Ich schlug vor, wir sollten es noch einmal auf die Weise versuchen, wie wir es im medizinischen Bereich machen: Wir ließen die Frau bei ihr daheim alles malen, was ihr zu dem Vorfall einfiel. Dadurch kommt man manchmal ins Unbewusste und erhält Informationen, die mündlich nicht zu haben sind. Ich übergab dem Beamten, der ein vernünftiger Mann war, das Ergebnis. Es war dasselbe: eine beige Hose – nicht mehr. Er nahm es an. Ich gab ihm meine Visitenkarte und bat ihn, mich zu informieren, wenn er Schwierigkeiten bekommen würde; ich würde mich für ihn einsetzen. Aber auch er selbst war ein Gefangener des Systems. Er hat dann den Bruder des Ermordeten einbestellt. Ghullam Haider, so hieß der Bruder, kam zu mir und erzählte: „Die Polizei hat mir gesagt:

‚Du gibst uns jetzt irgendwelche drei Namen! Den Rest machen wir.'" Er erklärte mir: „Wenn ich denen jetzt Namen gebe, weiß ich, was geschieht. Ich kenne die Verhörmethoden. Ich möchte mich nicht schuldig machen. Auf der anderen Seite besteht natürlich auch eine Gefahr für meine Familie. Was soll ich tun?" Ich war überwältigt. Ich fand es phantastisch, dass er nicht aussagen wollte. Das habe ich ihm erst einmal gesagt. „Dadurch kannst du vielleicht Schwierigkeiten bekommen. Aber wenn Du lügst, bekommst du ganz bestimmt Schwierigkeiten. Wenn du deine anderen drei Brüder hierherbringst, dann versuche ich dir zu helfen, damit du sie auch davon überzeugst, dass sie nicht lügen sollen." Die drei Brüder haben dann jede Aussage verweigert. Die Polizei hatte also keine Spur. Das ist jetzt sechs Jahre her. Die ganze Geschichte ist schließlich im Sand verlaufen. Wenn noch weitere vier Jahre vergangen sind, verjährt das Verbrechen.

Wir können mit der Aufklärung einfach deswegen nicht weitermachen, weil die Polizei dann Methoden verwendet, die wir nicht verantworten können, wie mit Sicherheit die Folter. Folterungen sind in den Polizeistationen Pakistans an der Tagesordnung. Die Justiz und der Justizvollzug in Pakistan sind die reinste Katastrophe. Daran hat sich nichts geändert.

Das Thema scheint aussichtslos. Was uns allen jetzt ein wenig Hoffnung macht, ist die Bewegung der Rechtsanwälte. Etwas tut sich. Noch ziemlich undurchsichtig und durcheinander, aber das ist verständlich. Jedenfalls ist der Führer dieser Bewegung in Pakistan ein Volksheld. Man sollte das wirklich einmal recherchieren und ein Buch darüber schreiben.

Gewalt in jeder Form hat mein Leben und meine Arbeit in den fünfzig Jahren ständig begleitet. Mein Traum von und für Pakistan ist, dass es einmal ein Rechtsstaat wird. Man kann sich in Europa gar nicht vorstellen, was diese Aussage bedeutet: Pakistan ist kein Rechtsstaat. Und wie privilegiert die Deutschen sind, dass sie in einem Rechtsstaat leben!

Krieg im eigenen Land

Der Gewaltausbruch im Norden, im Swat-Tal im Jahr 2009, hat unvorstellbares Elend und Leid ausgelöst. Die Flüchtlinge sind bis nach Karachi gekommen. Das ist eine Entfernung von 2000 Kilometern. Wir haben dann versucht, ihnen nach unseren Möglichkeiten zu helfen. Nach meiner Rückkehr aus Deutschland bin ich sofort in die Distrikte gefahren, in die sich die Flüchtlingsströme ergossen hatten. Denn Hilfe, akute Hilfe ist auch eine Weise mit Gewalt umzugehen. Manchmal ist das nur ein Tropfen auf den heißen Stein. Aber es ist ein Tropfen! Niemand kann den politischen Versprechungen auf Heimkehr der Flüchtlinge trauen. Vermutlich wird sich die Lage weiter zuspitzen. Was soll man machen? Helfen, wo es geht! Ohne lange zu fragen! Das Team im Norden war bereits im Einsatz. Sie sind erst in die von Afghanen verlassenen, halb verfallenen Flüchtlingscamps gegangen, die von den neuen Flüchtenden übernommen wurden. Aber die Regierung und die einheimischen Hilfsorganisationen waren bald auf dem Plan. Unversorgt waren die Flüchtlinge, die nicht in Camps untergebracht waren. Es ist unglaublich, was die zivile Gesellschaft geleistet hat. Plötzlich befinden sich mehr als drei Millionen Flüchtlinge in Mardan und Katlang, zwei ohnehin unterentwickelten Distrikten. Besonders die Bevölkerung von Katlang ist wirklich arm. „Und sie haben uns aufgenommen", erzählten die Flüchtlinge aus Swat, „wir waren überwältigt. Sie hatten selbst nur zwei Räume für ihr Familie, einen Raum haben sie uns abgetreten, Wasser und Fladenbrote geteilt, und haben uns gesagt, sie wären froh, es tun zu dürfen!"

Wie geht die Regierung mit diesem plötzlichen Ansturm von drei Millionen Flüchtlingen um? Sie haben die Familien in Schulgebäuden untergebracht, Hilfsorganisationen haben Toiletten eingebaut und die Regierung hat Lebensmittel verteilt, die jedoch zu knapp waren. Dann haben wir ausgeholfen.

Wir haben bei ihnen gesessen und ihnen zugehört. Viele schreckliche Geschichten haben wir gehört. Aber auch immer wieder Tröstliches. In einem Camp fiel mir auf, dass ich so wenig Kinderpatienten in der Sprechstunde hatte. Eine Mutter lachte: „Die haben keine Zeit zum Krankwerden mehr!" Sie war offensichtlich beglückt über die Lösung. „Sie haben den Bewässerungskanal entdeckt, jetzt spritzen und planschen sie den ganzen Tag und nehmen schon die Kleinsten mit." Und als wir es schafften, ein Kricket-Team in einem Camp zu etablieren, waren die Bauch- und Kopfschmerzen, die Schlafstörungen und die juckenden Hautausschläge plötzlich vorbei. Wir organisierten dann schließlich auch noch einen Camp-Malwettbewerb. Sogar die Regierung wurde darauf aufmerksam. Unsere Gruppe wurde nach Islamabad eingeladen und bekam den ersten Preis, mit der Begründung: „Das ganze Lehrpersonal hat den Kindern Vorlagen gegeben, die sie abmalen sollten, aber nur Ihre Kinder haben sich ausdrücken können." Und was kam dabei heraus? Ein Bild voller Frieden. Ein Haus, gackernde Hennen, blühende Blumen, Bäume und die Sonne über allem – und dann plötzlich erscheint ein Flugzeug und wirft Bomben. „... und dann mussten wir weglaufen, Hals über Kopf, und mein Vater hat noch das Baby vom Charpoy gerissen, und als wir außer Gefahr waren, haben wir in die Decke geguckt, und da war sie leer. ... Wir haben es nie wiedergefunden. ..."

Jetzt ist die Sammlung der Bilder in der Nationalen Galerie in Islamabad ausgestellt: „Wie Kinder die Flucht erlebten". Dr. Tariq, der alles organisiert hat, ist unheimlich stolz darauf!

Retten, nicht zerstören

Wir haben die Gewalt immer unterlaufen. Ich erinnere mich an eine Vollmondfahrt in Baluchistan. Es war die Zeit, als die Amerikaner nach dem 11. September 2001 Afghanistan angriffen und die Flüchtlingsströme anfingen. Einer unserer Angestellten saß am Steuer, weil der Fahrer so spät am Abend nicht mehr fahren wollte. Wir wollten zu den „Ärzten ohne Grenzen", die dort an der Grenze zu Afghanistan ein Flüchtlingslager betreuten, und uns mit ihnen wegen der Leprabekämpfung besprechen, die durch die Flüchtlinge ja wieder aktuell wurde. Über uns donnerten die Kampfflugzeuge und unser Lepraassistent am Steuer sagte: „Ich kann nicht dankbar genug dafür sein, dass ich nicht schießen muss, sondern in einem Einsatz bin, mit dem wir Menschenleben retten anstatt sie zu zerstören."

Gewalt muss unterlaufen werden! Wir haben es immer getan. Und tun es auch diesmal.

Hinausgehen und helfen

Zum Beispiel Kohistan: Diesmal überraschte mich Nasibuddin. Wir trafen ihn zufällig im Bazar in Dassu in Kohistan, als wir auf der Rückfahrt über den Karakorum-Highway von Gilgit nach Rawalpindi waren. „Seit die Taliban das Swat-Tal besetzt haben", erzählte er, „herrscht Ruhe – ganz plötzlich." Wie? Das wissen wir nicht. Wie lange? Das wissen wir auch nicht. Aber ich habe gedacht, ich kann diese Ruhepause auch ausnutzen. Und ich habe meine Maulana-Freunde, die Vorbeter in der Moschee, zu einer Tasse Tee eingeladen und habe sie gefragt, was sie von den Selbstmordattentätern hielten. „Gott sei uns gnädig", sagten sie, „das ist gegen, das ist total gegen den Heiligen Koran. Eine schwere Sünde!"

„Warum predigt ihr das dann nicht in euren Freitagsansprachen?", wollte ich wissen. „Die Leute wollen von euch Anleitung haben." – „Da hast du aber recht", sagten sie, „das werden wir ändern!"

Najib hatte mir die gleiche Erfahrung erzählt.

Als ich vor einigen Monaten das letzte Mal in der nördlichen Grenzprovinz war, erzählten sie mir, dass in Kohistan kein Taliban Fuß fassen konnte.

Oder Buner: Buner ist ein „befriedeter" Distrikt. Das Militär hat durchgegriffen. – Wie erfolgreich? Wie brutal? Ich weiß es nicht.

In seinem Bericht, der nach dem letzten Besuch verfasst wurde, berichtet unser Sozialarbeiter Bashir: Die Taliban greifen nicht mehr an. Aber sie versuchen, die Kinder zu gewinnen: „Im Heiligen Koran steht geschrieben, ehret euren Vater und eure Mutter, und verursacht ihnen keine Sorgen. Deshalb sagt euren Eltern nicht, dass ihr euch mit uns trefft, denn das würde ihnen Kummer bereiten. … Wenn Ihr uns erklärt, was ihr zuhause mit euren Eltern redet, dann können wir euch sagen, ob das gottgefällig ist, und ob ihr geradeswegs in den Himmel kommt. …"

Und die Eltern daheim wagen natürlich nicht mehr, offen zu sprechen. Es erinnerte mich fatal an die Nazizeit. Auch die Reaktion meiner Lepraassistenten. Wenn wir endlich in ein offenes Gespräch gekommen waren, schauten sie sich plötzlich angstvoll um und sagten: „Ich hoffe, keiner hört zu?!"

Es war in Karachi 1995. Bürgerkrieg. Die ganze Stadt stand damals in Flammen. Wenn wir in den Außendienst fuhren, hieß der Abschiedsgruß: „Bleib übrig!" oder „Komm wieder!", wie wir das im Zweiten Weltkrieg schon zueinander gesagt hatten.

Die Leute konnten ihre Häuser nicht verlassen. Das war unsere Chance, denn wir mussten die Bevölkerung noch einmal systematisch durchuntersuchen, um Karachi als leprafrei zu erklären. Ich habe Ausfahrten nur mit Freiwilligen gemacht. Man konnte keinem das Risiko zumuten, wenn er es nicht freiwillig tat. Wir fuhren also wieder einmal los. Am Steuer saß unser Leprosy Controller.

Korangi, so hieß der große Stadtteil von Karachi. Wir suchten einen Patienten, der jahrelang nichts mehr von sich hatte hören lassen, und fuhren zu seiner damaligen

Adresse, um zu sehen, ob er dort noch wohnte. Wir sind ziemlich viel im Kreis herumgefahren, denn inzwischen hatten die Straßen andere Namen und die Häuser andere Nummern bekommen. Während wir noch umherfuhren, erschienen die ersten Mordkommandos auf den Straßen. Es gab damals im Bürgerkrieg zwei Parteien, die sich gegenseitig bekämpften. Sie hatten schon ihre Infrastrukturen aufgebaut, sich in Stellungen verschanzt und versuchten, die Stadt unter sich aufzuteilen. Der Kampf war nicht politisch motiviert, sondern ethnisch. Oder es ging – was auch nicht unwahrscheinlich ist – um Verdienstchancen. Wir mussten jedenfalls diesen Kommandos immer wieder ausweichen, um nicht in die Schusslinie zu geraten. Und da sagte unser Fahrer plötzlich: „Wie gut, dass ich auf der Fahrt zu einem Patienten bin, damit er gerettet wird, und nicht bei diesen Mordkommandos, um jemanden zu finden, der erschossen werden soll!"

Zu dieser Zeit hieß die verbreitete Parole eigentlich: „Rette sich, wer kann! Rette dich selbst! Rette deine Familie!"

Es zeigte sich wieder einmal: Das Unterlaufen von Gewalt gibt den jungen Leuten im Projekt den Mut oder auch die Vision, sich nicht vor lauter Angst aus allem herauszuhalten oder sich einem der beiden Lager anzuschließen, sondern hinauszugehen und zu helfen.

Vor den Sandsackbarrikaden

Die folgende Geschichte habe ich schon oft erzählt. Ich erzähle sie auch jetzt wieder, weil sie in ihrer Dramatik offenbar macht, dass es eine wirksame, wenn auch risikoreiche Methode, einen Weg gibt, der Gewalt gewaltlos zu begegnen.

Eines Morgens saßen wir in einer Außenstation im Großraum von Karachi bei einer Tasse Tee. Ich stellte den Mitarbeitern die Frage: „Hat sich irgendjemand einmal überlegt, ob das Dogma stimmt, dass man Lepra in Pakistan nur mit Ausnahme von Karachi ausrotten kann? Hat das irgendjemand mal versucht? Wenn das stimmt, dann müssen wir Karachi eben zum Kriegsgebiet erklären und die Arbeit als zu gefährlich einstufen. Wenn es nicht stimmt, dann müssen wir etwas dagegen tun." Die Antwort lautete: „Wir haben es nie probiert." Drei Freiwillige waren daraufhin bereit, es mit mir zu versuchen.

Wir beschlossen, am nächsten Tag in G 11 anzufangen, einem berüchtigten Stadtviertel. „Wenn wir da durchkommen", sagten sie, „dann schaffen wir es auch im übrigen Karachi!" Die drei jungen Männer da allein hineingehen zu lassen, wäre lebensgefährlich für sie gewesen. Man hätte sie sofort beschossen. Wenn aber eine alte Frau, noch dazu mit einer anderen Hautfarbe, vorneweg läuft, würde man, so meine Vermutung, hinter den Barrikaden erst einmal den Finger vom Abzug nehmen und vielleicht einen Augenblick lang nachdenken. Wenigstens der Reflex würde nicht sofort ablaufen. Man könnte sich für einen Moment fragen: Willst du jetzt schießen oder nicht? Die Männer hatten sich, alle schwer bewaffnet, hinter Sandsackbarrikaden verschanzt. Sie hatten vor einigen Tagen G 11 erobert.

Wir stiegen also aus dem Auto aus und liefen auf die Absperrung zu, mit unseren Patientenkarten unter dem

Arm. Mir war schon ein bisschen mulmig zu Mute. Aber wenn ich einmal „drin" bin, dann habe ich keine Angst mehr. Ich ging vorweg. Wenn sie geschossen hätten, hätten sie mich zuerst erschießen müssen. Als wir an den Barrikaden ankamen, fragte ich die Bewaffneten – es waren sechzehn-, siebzehnjährige junge Männer: „Könnt ihr uns helfen?" Sie waren total verblüfft über meine Frage. Dann holten sie mir einen wackligen blauen Plastikstuhl, auf den ich mich setzen konnte. Ich öffnete die Patientenkartei: „Wir sind das Leprateam", sagte ich. „Keiner von unseren Patienten kann rauskommen, wir können nicht reinkommen. Aber heute ist der Tag, an dem sie ihre Medikamente einnehmen müssen. Könnt ihr mitkommen und uns zeigen, wo die Leute wohnen?" Sie hörten zu und kommandierten dann einen Mann ab, der wiederum von einem Mann mit Gewehr begleitet wurde. So gingen wir ins Viertel hinein und versorgten an diesem Tag alle Patienten.

Als wir die letzte Patientin verließen und gerade wieder auf der Straße waren, begannen die Schießereien. Die Männer hatten wohl untereinander Streit bekommen. Die Frau riss uns durch die Tür ins Innere ihres Hauses zurück. Wir waren wieder in Sicherheit. Dann stellte sich heraus, dass unsere letzte Patientin die Tante des Oberkommandierenden von G 11 war. Den baten wir dann herein und redeten mit ihm. Schließlich stiftete uns die Frau noch eine Coca Cola. Als draußen wieder Ruhe eingekehrt war, zogen wir in Hochstimmung ab. An diesem Tag hatten wir begonnen, die Lepra in Karachi in den Griff zu kriegen. Die Kämpfe sind natürlich weitergegangen. Aber wir waren unversehrt zurückgekehrt. Das hat auch anderen den Mut gegeben, mit mir zu gehen.

Es hätte natürlich auch schiefgehen können. Aber wir haben nie ernsthaft mit dieser Möglichkeit gerechnet. Denn meine Erfahrung ist: Wenn man dem anderen wirklich eine Chance gibt, dann kann er sich ändern, kann aus seinen Verhaltensklischees ausbrechen. Wenigstens während dieser einen Begegnung. Es gibt eine Massenhysterie, bei der es unsinnig wäre, es auch nur zu versuchen, sie zu unterlaufen. Ich habe es ganz, ganz selten erlebt, wenn ich dem anderen vertraut habe, dass dieses Vertrauen missbraucht oder enttäuscht worden ist.

Die Terroristen in diesem Bürgerkrieg der 90er Jahre waren frustrierte junge Leute, die aus guten Familien stammten, die sie unter erheblichen finanziellen Opfern zur Schule gehen ließen. Sie waren Kinder von indischen Flüchtlingen, die keine Chance in der pakistanischen Gesellschaft hatten. Deshalb haben sie sich in einer Partei zusammengeschlossen, die sich dann wieder gespalten hat. Diese beiden Parteien haben sich dann bis aufs Messer bekämpft und versucht, sich gegenseitig auszurotten. Der Staat hat erst am Ende eingegriffen, und dann auch mit Gewaltanwendung. Dann ist eine ganze Generation von der Armee buchstäblich ausgerottet worden. Für diese jungen Männer war es ein Erlebnis, wenn sie eine Kalaschnikow über der Schulter hatten. Dann waren sie wer.

Zum Teil sind diese jungen Männer auch mit Geld gekauft worden. Einen von ihnen habe ich gekannt, er kam aus einer Leprafamilie. Der sagte mir: „Ich gehe regelmäßig in die Sindh-Provinz. Dort bekomme ich 200.000 Rupien angeboten, wenn ich einen Monat lang mit ihnen arbeite. Ich habe schon ganze Computer-Informations-Systeme für sie aufgebaut. Danach kann meine

Familie ihre Schulden bezahlen. Und wenn sie wieder kein Geld hat, dann ist der nächste Einsatz fällig."

In das politische Milieu, in dem jeder seine schmutzige Wäsche wäscht, bin ich nie eingestiegen. Ich bin nur in individuelle Geschichten eingestiegen, um herauszubekommen, warum die das machen.

Immer wieder besteht die Gefahr, zwischen die Fronten zu geraten. Wenn wir in ein Gebiet kommen, in dem Stammesfehden ausgetragen werden, müssen wir zuallererst aufpassen, dass wir nicht unter die Kategorie „Feind" fallen. Wir müssen erst herausbekommen, wer wen totschießt. Wenn uns jemand vereinnahmen will, ist es unsere Strategie zu sagen: „Tut uns leid, aber da oder da ist auch ein Lepra- oder Tuberkulosefall, das kann natürlich auch auf ihre Familie übergreifen. Deswegen werden wir bei dem einen frühstücken, beim anderen zu Mittag essen, wieder bei einem anderen zu Abend essen und übernachten." Damit kommen wir in der Regel ganz gut durch.

Kompliment am Gletscherbach

Ich entsinne mich nicht, dass ich Angst gehabt hätte, wenn wir in Situationen gerieten, die man vorher nicht berechnen konnte. Da scheint ein inneres Programm abzulaufen, das irgendwann einmal vorprogrammiert worden ist. Ich bin sehr dankbar dafür.

Ich bin nur einmal ausgestiegen. Das war, als mich Abdullah über die Hängebrücke bringen sollte. Die Patienten waren auf der anderen Seite des Flusses. Diese Brücke sah auf den ersten Blick ganz unschuldig aus und war knapp über dem Wasser gespannt. Ich brauchte mich also nicht vor dem Schwindel fürchten, der mich sonst auf hohen Brücken ergreift. Diese Brücke hatte aber keinerlei Seile, kein Geländer, an dem man sich festhalten konnte. Als wir die Brücke betraten, sie zu schwanken anfing und ich das reißende Wasser unter mir sah, packte mich eine panische Angst und ich ging zurück. Abdullah ging später allein hinüber und brachte die Patienten zu mir auf die andere Seite. Es wäre total unsinnig gewesen, wenn ich es doch versucht hätte, denn es wäre mit Sicherheit schiefgegangen.

Mit Abdullah zusammen habe ich vieles gemacht, was eigentlich praktisch unmöglich war. Als wir wieder einmal im Himalaya waren, mussten wir einen Gletscherbach überqueren, um zu einem Dorf zu gelangen. Eine Brücke gab es damals noch nicht. Diese Gletscherbäche schwellen nach Regenfällen oder bei Tauwetter flutartig an. Dann kommt man kaum hinüber. Das war nun wieder so eine Situation. Zu Fuß konnten wir nicht mehr hinüber. Abdullah hat es versucht – ohne Erfolg. Dann besorgte er zwei Pferde, die uns hinübertragen sollten. Ich habe nie Reiten gelernt. Das war ein zusätzliches Risiko. Diesen Ritt werde ich nie vergessen. Ein Mann musste das Pferd, auf dem ich saß, an den Zügeln durch die Flut führen. Er musste im reißenden Wasser auf sich, auf das Pferd und auf mich aufpassen, damit ich nicht herunterfiel. Wir schafften die Überquerung. Der Pferdeführer machte mir am anderen Ufer ein großes Kompliment.

Im Dorf auf der anderen Seite war ein alter Leprapatient. Er war wegen seiner Krankheit aus seinem früheren Dorf mit seiner Frau vertrieben worden und wohnte nun in diesem wilden aber wunderschönen Tal. Er hatte, da er nicht behandelt worden war, auch zwei seiner Söhne angesteckt und diese gaben die Krankheit an die dritte Generation weiter. Deswegen nannte man das Dorf auch das Lepradorf. Die Leute lebten dort nicht schlecht. Sie hatten Vieh und besaßen Maisfelder, konnten genug für ihren eigenen Lebensunterhalt anbauen und ernten. Wir verabreichten den Kranken Medikamente und heilten sie aus. Heute ist das ehemalige Lepradorf ein ganz normales Dorf.

Abdullah, mit dem ich dieses Abenteuer bestand, war ein wunderbarer Mensch. Wenn er von solchen Fällen hörte, dann war er bereit, sein Leben aufs Spiel zu setzen, um zu helfen. Leider ist er sehr jung an einer Hepatitis gestorben. Das ist schon über zwanzig Jahre her. Um ihn trauere ich heute noch.

Erfahrung des Glücks

In diesem Tohuwabohu pakistanischer Wirklichkeit passieren die unwahrscheinlichsten Geschichten. Azadar etwa, einer unserer erfahrensten Leprosy Field Officers, kam im Sindh mit seinem Jeep in die Gewalt von bewaffneten Straßenräubern. Sie hatten Mobiltelefone und waren gut organisiert. Von Azadar verlangten sie seinen Wagen. Er weigerte sich, ihn herauszugeben. Er müsse in diesem Auto kranke Menschen transportieren und die Patienten in ihren Dörfern aufsuchen, um sie zu behandeln, sagte er. Dann nahmen sie ihn und das Auto zu ihrem Bandenchef mit. Dem erzählte er von seiner Arbeit und stellte sich bei dieser Gelegenheit auch vollständig vor. Er ist nämlich einer der direkten Abkömmlinge des Heiligen Propheten und gehört seiner Familie an. Das hat ihm Respekt verschafft und man hat ihm zugehört. Nachdem er alles erklärt und klargemacht hatte, was er für die Sindhis tut, sagte ihm der Bandenchef: „Ich will Ihrer Arbeit nicht schaden. Wenn Sie in Zukunft diesen schwarzen Flicken um den vorderen Spiegel am Auto wickeln, dann wissen wir, dass Sie es sind, uns dann sind Sie sicher." Azadar hat den Flicken um den Vorderspiegel gewickelt und hat keine Schwierigkeiten mehr bekommen.

Auch das ist Unterlaufen. Im Grunde ist unsere Arbeit eine subversive Arbeit. Es gibt keine momentane Lösung eines Konflikts, bevor man sich nicht ins Gewebe solcher Geschehnisse einlässt. Im Prinzip „spielen" wir den Sauerteig, von dem das Evangelium spricht. Wenn man sich auf den anderen einlässt, kann man immer etwas bewirken, wenigstens habe ich es nicht anders erlebt. Das muss man sich auch immer wieder selbst klarmachen, damit man in kritischen und gefährlichen Situationen die Hoffnung nicht verliert. Irgendetwas kann man immer tun. Es hilft schon, dass man da ist. Das vergessen wir allzu leicht.

In all diesen Erfahrungen habe ich die Überzeugung gewonnen: Wenn man Menschen die Chance gibt, den Unterschied zwischen Kitzel und Glück zu erfahren, dann werden sie sich in Zukunft immer für das Glück entscheiden. Also müssen sie die Chance bekommen, diese Erfahrung zu machen.

Die Geschichten, die ich erzählen kann, zeigen, dass meine Mitarbeiter immun waren gegen den Kitzel, weil sie die Erfahrung des Glücks in unserer Arbeit machen konnten.

In aller Freiheit

Ich habe gelernt, zu unterscheiden, ob es sich um eine Angst handelt, die ich zulassen kann, oder nicht. Wenn ich Schmerzen habe, dann überlege ich mir: Soll ich die Zähne zusammenbeißen oder soll ich etwas dagegen tun? Die meisten Ängste sind entweder berechtigt oder nicht abstellbar. Dann muss man mit ihnen leben oder leben lernen. Oder sie sind unberechtigt, dann muss man etwas gegen sie tun.

Wenn Gott gewollt hat, dass es bis hierher und heute gut gegangen ist und wenn er mich liebt, dann brauche ich im Grunde keine Angst zu haben. Dennoch habe ich ständig Angst. In solchen Situationen trägt mich dieses Du, dieses personale Gegenüber, das ich ansprechen kann. Deswegen könnte ich auch nicht zum Islam übertreten, weil mir dort Gott nicht als Person begegnet. Es ist meine Erfahrung, dass das, was das Leben wirklich lebenswert gemacht hat, immer ein Du war. Ich habe viele gute Bücher gelesen und auch sie haben mir gut getan. Aber wenn es wirklich darauf ankommt, dann ist es das Du, das mir hilft. Wenn man es nicht hat, dann wird alles sehr, sehr schwierig.

Mit meiner Lebensentscheidung, unverheiratet zu bleiben, habe ich Ja gesagt zur Einsamkeit. Aber das sieht nur oberflächlich so aus. Ich lebe zwar auf ziemlich einsamem Posten. Wenn ich da kein Du hätte, das mich liebt, mich trägt, dann ginge alles schief. Ein Buch kann einen ablenken, ein Buch kann einem auch Einsichten vermitteln. Aber aus einer Krise kann es einem kaum heraushelfen. Wenn es einem heraushilft, dann kommt das daher, dass man in ihm dem Du begegnet. Überzeugt werden kann ich nur durch einen Zeugen, durch ein Zeugnis. Das ist der Ernstfall des Christentums.

Ich will versuchen, es noch konkreter zu sagen: Es ist nicht die Erinnerung an ein Du, es ist die Präsenz, die Gegenwart des Du. Es ist da. *Er* ist da. Ein ganzes Leben in diesem Bewusstsein schafft dann auch so etwas wie eine Programmierung, die in kritischen Situationen einfach abläuft. Diese Programmierung empfinde ich als hilfreich. Sie ist mir nicht aufgezwungen worden. Ich habe sie selber auf Grund eigener Entscheidungen in Gang gesetzt. In aller Freiheit. So frei, wie ein Mensch im Rahmen seiner vorgegebenen Grenzen überhaupt sein kann.

Worauf es zuläuft

Dann sah ich einen neuen Himmel und eine neue Erde; denn der erste Himmel und die erste Erde sind vergangen, und das Meer ist nicht mehr. Ich sah die heilige Stadt, das neue Jerusalem, von Gott her aus dem Himmel herabkommen; sie war bereit wie eine Braut, die sich für ihren Mann geschmückt hat. Da hörte ich eine laute Stimme vom Thron her rufen: Seht das Zelt Gottes unter den Menschen! Er wird in ihrer Mitte wohnen, und sie werden sein Volk sein; und Gott selbst wird mit ihnen sein. Er wird jede Träne aus ihren Augen wischen: Der Tod wird nicht mehr sein, nicht Trauer noch Klage noch Mühsal. Denn die alte Welt ist vergangen.

(Neues Testament, Die Offenbarung des Johannes, 21,1–4)

Entwicklung –
Der neue Name für Frieden

Nach Jahrzehnten der internationalen Entwicklungspolitik ist es an der Zeit, Bilanz zu ziehen. Die meisten der vielen Großprojekte in den Ländern der sogenannten Dritten Welt haben zu keinen wirklichen Erfolgen geführt. Zumindest nicht zu Ergebnissen, die den Menschen wirklich geholfen, die sie in ihrer menschlichen Entwicklung vorangebracht haben. Ein radikales und konsequentes Umdenken, nein, ein anderes Handeln ist gefordert.

Entwicklung braucht Zeit

Entwicklung hat fundamental mit Zeit zu tun. Entwicklung geschieht selten in Brüchen. Sie braucht viel Zeit und Geduld, folgt anderen Gesetzen als denen einer rational gesteuerten Effizienz.

Meine Erfahrung in 50 Jahren Pakistan besteht auch darin, dass man in einem Entwicklungsprozess, der zu einem vernünftigen Ergebnis führen soll, oft nur gezwungen ist, einfach nur den Kopf lange über Wasser zu halten, ohne dass man nach europäischen Kriterien schnelle und sichtbare Entwicklungserfolge vorweisen kann. Dann sagen die Europäer und Amerikaner sehr schnell: „Aufgeben! Die Entwicklungsarbeit führt, wie man deutlich sieht, zu nichts. Warum einen solchen Einsatz wagen? Was haben wir eigentlich in Pakistan zu tun?" Wenn ich solchen Meinungen begegne kann ich entschieden und aus wirklich langer Erfahrung heraus antworten: Eine Entwicklung geschieht nur langfristig. Sie ist überall da möglich, wo jemand die Entwicklung bejaht, anstößt und sie wohlwollend verfolgt, wo jemand sym-pathisch, mit-fühlend, mit-leidend dabei ist.

Die Zukunft liegt in den Nahräumen, das ist meine Erfahrung. Entwicklung ist möglich; sie kann vor allem in Gemeinden wirklich gelingen. Es ist das, was man als *community development*, als Gemeinschafts- oder Gemeindeentwicklung bezeichnet. Davon müssen wir mehr und entschiedener berichten. Die Zukunft der Entwicklungsarbeit liegt nicht in den Großräumen. Das sollten wir doch inzwischen eigentlich wissen, nach all den Erfahrungen des Scheiterns in den Mammutprojekten. Natürlich kenne ich auch positive Mammutprojekte, zum Beispiel ein Projekt für Bewässerungsdämme, die unwahrscheinlich viel Entwicklung ermöglicht haben! Doch wenn sie in der Durchführungsphase nicht bis in die Nahräume begleitet werden, können sie den Menschen nicht helfen.

Seit mehreren Jahren schon sagen wir unseren Mitarbeitern in den Außenstationen, sie sollen sich je nach Siedlungsdichte eine Gemeinde von 20 000 bis 50 000 Bewohnerinnen und Bewohnern suchen, mit denen sie dann konsequent einen Entwicklungsprozess beginnen und durchführen. Sie nehmen eine Analyse am Ort vor, damit sie wissen, was wirklich benötigt wird, um wirksam helfen zu können. Besonders wichtig ist dabei die Gesundheitsaufklärung. Und wir sorgen auch dafür, dass dort

Schulausbildungsmöglichkeiten für Kinder sind. Wenn nicht, dann ist eine Schulgründung fällig.

Das *community development* ist nach meiner festen Überzeugung das einzig Sinnvolle, das wir als Außenstehende zu einer den Menschen entsprechenden Entwicklung beitragen können. Wir haben an verschiedenen Orten in Pakistan schon damit angefangen. Die Erfolge geben uns recht. Aber das ist nicht schnell zu „haben", sondern braucht viel Präsenz, Geduld und Kraft.

Die Blutegel von Jandi

Ein Beispiel ist Jandi, ein vielversprechendes Projekt, das mitten in der Entwicklung ist. Jandi ist ein Stammesgebiet hoch in den Bergen, im äußersten Norden von Baluchistan. Wenn man dort hin will, muss man auch heute noch fünf Tage zu Fuß, zu Pferd und zu Kamel unterwegs sein. Jandi ist ein völlig unberührtes Gebiet. Dort gibt es keine Brunnen. Die Bewohner haben mit unserer Hilfe das Wasser eines kleinen Gebirgsbaches umgeleitet, in zwei Becken aufgefangen und für den Gebrauch von Mensch und Tier nutzbar gemacht. Dazu mussten wir erst einmal der Schlingpflanzen Herr werden, denn an ihnen saßen die Blutegel, die Mensch und Tier schwer zugesetzt haben. Es geschah häufig, dass mit dem Wasser auch die Blutegel geschluckt wurden. Sie blieben im Hals hängen, setzten sich fest, begannen zu saugen und wurden schnell so dick, dass die befallenen Menschen und Tiere, vor allem die Kamele, daran erstickten. Auch einer unserer Mitarbeiter wurde ein Opfer. Wir haben den fettgesaugten Egel dann mit großer Mühe entfernt. Jetzt ist das Trinkwasser gefahrenfrei.

Die Blutrache ist in diesem Gebiet zwar noch nicht ganz ausgerottet, aber sie ist deutlich seltener geworden. Man brennt sich auch nicht mehr aus Rache gegenseitig die erntereifen Felder ab.

Über Jandi könnte ich ein Buch schreiben. Auch hier zeigte sich: Hilfe kommt immer nur im Nahraum an. Das ist eine der wichtigsten Erfahrungen der vergangenen Jahrzehnte. Wir müssen hingehen und nicht nur warten, bis jemand kommt. Auf die Politik ist wenig Verlass. Das sind ja auch Gebiete, in die sich nie ein Politiker verirrt. Es gibt in Pakistan – und auf der ganzen Welt – immer noch zu wenige Leute, die hinausgehen und bei den Menschen bleiben. In der Entwicklungshilfe herkömmlicher Art werden Experten engagiert, und der beste Platz für Experten ist ihr Büro. Wir haben immer noch nicht genügend Menschen, die bereit sind, den Menschen beizustehen und vor Ort das durchzuführen, was nötig ist.

Grundbedürfnisse zuerst

Die Globalisierung ist ein Faktum. Man muss sie aber differenziert betrachten. Eine totale Globalisierung ist gar nicht möglich. Wer die Städte verlässt und aufs Land geht, „in die Provinz", wie man oft ein wenig abschätzig sagt, der wird sehr schnell feststellen, dass dort die Globalisierung oftmals noch längst nicht angekommen ist. Wenn wir von Globalisierung reden, dann reden wir von einem bestimmten und bestimmbaren Teil der Welt, aber längst nicht von der gesamten Menschheit.

Was mich beschäftigt, ist die Erfüllung und Ermöglichung von Grundbedürfnissen. Ich wünsche mir sehr, dass wir einmal in eine Entwicklungsstufe eintreten könnten, in der die primären Sorgen, der Kampf ums tägliche Überleben nicht mehr im Vordergrund stehen. Voraussetzung für die kulturelle Entwicklung ist, dass man zuerst ausreichend zu essen hat und über eine gewisse Bildung verfügt. So weit ist Pakistan noch nicht. Und dann braucht man die Sicherheit vor Übergriffen. Ein Gespräch über Schönheit ist in weiten Kreisen noch immer eine reine Utopie. Man bleibt im täglichen und nächtlichen Überlebenskampf gefesselt. Wie im Nachkriegsdeutschland.

Eugen Roth schrieb einmal:
„Um zu verwischen jede Spur,
sprech ich von INDISCHER KULTUR.
Und sieh, schon dient es zum Beweise:
die Inder nähren sich vom Reise.
Und das Gespräch schließt ab wie immer:
Reis gibt es schon seit Jahren nimmer!"

Das Ziel gemeinsam bestimmen

Nachdem wir nun die Lepra im Griff haben, geht es darum, ein neues Ziel zu finden, das das alte mit einschließt und das den Menschen hilft. So viele unserer Entwicklungsmaßnahmen ändern nichts an der Lage, lassen die Gemeinschaft nicht gesünder oder besser leben.

Lange Jahre haben wir, neben der laufenden Arbeit, darum gerungen. Die Entscheidung fiel für das *community development*, einer Entwicklungsarbeit im Nahraum der Kommunen.

Wir haben gute Beziehungen zu sehr vielen armen Gemeinschaften, die uns auch um Rat fragen, wie man Probleme angehen kann. Es sind Gemeinschaften oder Gemeinden, denen es noch an der Stillung der Grundbedürfnisse wie Wasser, Kanalisation, Toiletten, Bildung und an medizinischer Versorgung der Armutskrankheiten mangelt. Wenn wir ihnen unsere Unterstützung anbieten, machen sie sofort mit. Es gilt, das Ziel gemeinsam zu finden. Wir möchten sie auf den Weg der Gesundheit bringen. Diese Arbeit ist auch eine wirksame Vorbeugung gegen die Wiederkehr der Lepra. Die jeweilige Dorf- oder Siedlungsgemeinschaft wird dann die Verantwortung dafür übernehmen, dass jeder neue Leprafall, jeder Fall von Tuberkulose oder der Gefahr der Erblindung uns gemeldet wird. Das ist dann ein Ergebnis der langsamen Entwicklung zur Eigenverantwortung. Wenn das einmal auf dem medizinischen Sektor geschehen ist, wird das auch bald zu weiteren Bürgerinitiativen führen. Die Menschen in den Dörfern und Gemeinden werden lernen, sich auch über die Taliban ihr eigenes Urteil zu bilden – der einzige Weg, den ich sehen kann, um die pakistanische Gesellschaft von fundamentalistischen Tendenzen zu heilen. Wenn dann noch Aids oder Hepatitis auftritt, dann versorgen wir auch die Aidskranken und die Hepatitisinfizierten.

Wenn Dorfgemeinschaften kritisch und selbstverantwortlich werden, dann birgt das auch ein starkes politisches Potenzial, ein Mittel gegen eine Ideologisierung jeder Art. Das ist eine wunderbare Sache.

Diese Arbeit hat Zukunft. Aber: Die potenziellen Geldgeber, im Westen wie im eigenen Land, sehen dieses Zukunftspotenzial noch nicht, sie haben andere Beurteilungskriterien von Entwicklung und Entwicklungsarbeit. Auch auf diesem Gebiet müssen wir noch viel Vermittlungs- und Überzeugungsarbeit leisten.

Die Schmetterlingsschule

Von einem kleinen Beispiel, das zeigt, wie Basisarbeit gelingen kann, will ich berichten. Wir haben die Butterflyschule, die Schmetterlingsschule gebaut. Das heißt, nicht *wir* haben sie gebaut, wir haben uns nur dafür eingesetzt, dass die Gemeinschaft die Gelder bekam. Ihre Vorgeschichte war dramatisch genug. Die Regierung hatte in dieser Gemeinde in Karachi schon eine Schule gebaut. Als sie eröffnet wurde und die ersten Kinder kamen, sagten einige muslimische Eltern, dass ihre Kinder nicht mit den Kindern der Straßenfegerfamilien auf der gleichen Bank sitzen könnten! Die Sweepers mussten also ihre Kinder wieder aus der Schule nehmen. Die Straßenfeger sind eine missachtete soziale Schicht in der pakistanischen Gesellschaft. Erschwerend kommt hinzu, dass sie Hindus oder Christen sind. Aber die Religion war in diesem Falle nicht das Entscheidende. Dass sie Straßenfeger waren, störte die muslimischen Eltern. Mit den „Sweeper-Kindern", das wiederholten sie, durften ihre Kinder doch nicht auf der gleichen Schulbank sitzen!

Vier Lehrer, die die Straßenfegerfamilien selber bezahlt hatten, unterrichteten dann die Kinder in einem unterirdischen Verließ, einem Kellerraum. Dort gab es kein Wasser, keine Toilette, die Kinder saßen auf der feuchten Erde. Wenn es regnete, waren die Zustände in diesem Loch besonders schlimm. Oben waren ganz kleine Fenster, die auf die Straße hinausgingen, aber kaum Licht durchließen, weil sie so verschmutzt waren. Als ich das erste Mal dorthin kam, habe ich die Kinder wirklich dafür bewundert, dass sie unter diesen Umständen überhaupt zur Schule gingen. Das habe ich ihnen auch gesagt. Und ein kleines Mädchen mit straff geflochtenen Zöpfen sagte daraufhin: „Ja, aber wenn wir auf die Straße rauskommen, dann rufen die Schüler der offiziellen Schule immer ‚Mistfliegenschüler, Mistfliegenschüler!‘ hinter uns her!" Irgendetwas musste geschehen. Wir hatten gerade im Etat einen Posten nicht aufgebraucht. Den haben wir ihnen dann gegeben. Und das war wirklich alles, was wir getan haben. Alles andere haben sie selbst erledigt: Geplant, gebaut, mitgeholfen, die Arbeiter verpflegt, geträumt – herausgekommen ist ein wunderschönes Gebäude. Aus den anfänglich 50 Kindern sind rasch 150 geworden, und die Schule kann sich vor dem weiteren Ansturm von Anmeldungen kaum noch retten. Bei meinem nächsten Besuch habe ich dann meine kleine Freundin mit den Zöpfen gefragt, wie sie denn die neue Schule nennen wollte. „Schmetterlingsschule!", war die begeisterte Antwort. „Schmetterlingsschule!", wiederholte die Klasse im Chor.

Zur Einweihung haben sie ein Theaterstück einstudiert, bei dem die Kinder auf der Erde sitzen und die Mistfliegen verjagen. Und dann kommen die Schmetterlinge herein! Die Schmetterlinge sind natürlich Mädchen, die Mistfliegen Jungen. Ein herrliches Stück!

Aus dieser Gemeinde werden uns nun auch selbstständig die neuen Fälle von Lepra und Tuberkulose gemeldet. Das Drogenproblem haben die Gemeindemitglieder ebenfalls beseitigt, wir haben gar nichts dazugetan. Sie haben die Dealer, die Heroin verkauften, verjagt. Selbst, aus eigenem Antrieb. Nur einmal haben sie die Polizei zu Hilfe rufen müssen.

Knappheit mobilisiert Initiativen

So also sieht das *community development* konkret aus. Aber dazu brauchen wir eben auch Geld. Die Preise in Pakistan steigen schnell. Ohne Geld ist alles wieder gefährdet. Wir haben so viele internationale Gesundheitsprogramme, aber keine Gemeinschaft wird wirklich gesund, nur die Reichen. Durch das *community development* werden ganze Siedlungsgebiete im umfassenden Sinne gesünder. Geld für die Gemeindeentwicklungsarbeit ist Zukunftsgeld. Aber wenn wir keines mehr haben?

Was ich mir vorzuwerfen habe, ist, dass wir uns mit unseren durchaus vorzeigbaren Erfolgen nie angemessen profiliert haben. Vielleicht weil wir dazu nie die notwendige Zeit hatten. Aber jetzt wird es Zeit. Die Zahl der Katastrophen und der großen Unglücksfälle wächst mehr und mehr: Überschwemmungen, Erdbeben, kriegerische Auseinandersetzungen. Sie fressen die Zeit zum Planen und Vermitteln schnell wieder auf. Das dauernde Jetzthandeln-Müssen kann atemlos machen. Dauernde Notfälle können die Zukunft verhindern. Aber man kann die Augen doch nicht vor dem verschließen, was akut getan werden muss! Das geht schon deswegen nicht, weil uns die Menschen direkt ansprechen und von uns erwarten, dass wir etwas tun. Wenn wir in der gegenwärtigen Not nicht helfen, dann können wir auch nicht mit langfristiger Hilfe einsteigen. Denn dann sagen sie zurecht: Als wir euch wirklich brauchten, wart ihr nicht da! Hier ist ein Dilemma, für das es theoretisch keine Lösung gibt. Man muss handeln.

Die für Lepra urbar gemachten Felder sind gepflügt und bereit für eine neue Aussaat. Ich habe Hoffnung: Gott hat uns bisher geführt und er wird uns einen Weg weisen, der weiterführt. Knappheit mobilisiert Initiativen. Trotz aller Widerstände und Schwierigkeiten werden wir nicht aufgeben. Wenn wir den Mut verlieren, was dann? Was ist die Alternative?

Da sein und Mitleiden

Manchmal denke ich im Stillen: Meine Idealvorstellung wäre, in einem Altersheim zu sitzen und nicht einmal mehr für mein Frühstück verantwortlich zu sein. Aber ich weiß auch, dass ich nach spätestens sechs Wochen von dort flüchten würde. Also mache ich weiter. Im Rahmen des Möglichen. Auch wenn das Unmögliche, das Fast-Unmögliche das Geforderte sein sollte. Selbst wenn wir da sind und nicht helfen können. *Da* müssen wir sein! Daran führen kein Weg und keine Ausrede vorbei.

Die Gegenwart erinnert mich stark an die Situation des Anfangs, als wir vor 50 Jahren die Leprakolonie in Karachi entdeckten. Oder an das Jahr 2005 nach dem Erdbeben in Azad Kashmir. Das waren Situationen, in denen man mit den Menschen nur noch mit-leiden konnte. Damals konnten wir nur *da* sein. „Machen" ließ sich nichts. Aber das *Da-Sein* ist eine Hilfe. Nur auf einer anderen Ebene. Durch das Da-Sein und Nicht-handeln-Können ist auch etwas getan.

So war der Anfang. Ob man das jemandem, der keine Ordensfrau ist, der nicht so verrückt ist wie wir, als Arbeitsprinzip anbieten kann, das ist eine andere Frage. Sie ist im Moment, in der Zeit der Übergabe, von akuter Bedeutung für mich – und für das Team.

Was wird mit unseren Kindern geschehen?

Ich erinnere mich noch sehr genau an die Klage zweier Mütter.

Eine erzählte: „Wir haben unsere Tochter dem Großgrundbesitzer zur Entjungferung übergeben müssen, weil wir unsere Schulden nicht bezahlen konnten. Was soll ich jetzt mit dem Mädchen machen? Als unser zweites Mädchen dann in das Alter kam, sind wir weggelaufen, geflüchtet." Von da an saßen sie auf den Müllhalden von Karachi. Und da sie sonst nichts konnten, blieb ihnen wirklich nur noch das Betteln. Es war dann nur eine Frage der Zeit, bis sie in der Prostitution landen würden.

Die Klage der anderen Mutter: „Mein Sohn ist von der Polizei abgeholt worden. Er ist nie zurückgekommen." Ich fragte sie, wer denn der Sohn war, und bot ihr meine Hilfe an. „Das ist aussichtslos", sagte sie. „Mein Sohn hatte keine Identitätskarte. Ich konnte und kann nicht nachweisen, dass es meinen Sohn wirklich gibt – oder gegeben hat."

Wenn die Polizei nachts kommt und ein paar Leute mitnimmt, dann werden sie in der Polizeistation gefoltert, bis einer zusammenbricht und zugibt, dass er eine Tat begangen hatte, von der er vermutlich keine Ahnung hat.

Wenn einer dann von einer solchen Nacht nicht mehr zurückkommt, dann kann niemand nachweisen, dass es ihn je gegeben hat.

Das waren die beiden Initiationsgeschichten für das Hindu-Projekt in Adam Goth. Immer wieder hat es so angefangen. Immer wieder wird es so anfangen, mit dem konkreten Schicksal von Menschen. Und immer wieder muss es diese Antwort auf die Not geben, wenn Menschen wirklich geholfen werden soll.

Die Menschen sind da – wie sich ihrer Not verschließen?

Ein weiteres Beispiel: die Initiative für die illegalen Afghanistanflüchtlinge. Da war eine Familie mit sieben Kindern. Zwei Kinder hatten Tuberkulose, ein Mädchen hatte Kinderlähmung – jetzt haben wir es operiert. Als ich die Mutter fragte, was sie denn an diesem Morgen zum Frühstück gegessen hätten, lächelte sie mich an und sagte: „Bei uns gibt es kein Frühstück!" Das war um zwei Uhr nachmittags. Sieben Kinder waren das. Ob sie schon für das Mittagessen etwas gekocht hätte, wollte ich wissen. „Ich warte auf meinen Mann. Er ist zum Bazar gegangen, um Arbeit zu finden. Ich hoffe, er bringt etwas mit. Dann kann ich kochen." – Das waren aber Usbeken. Der Mann sprach nur usbekisch. Da Arbeit zu finden, ist sehr schwierig. In dieser Situation haben wir unter den illegalen Flüchtlingen mit der Lebensmittelverteilung angefangen. Dann hat Mohsin die Arbeit verantwortlich übernommen. Mohsin ist selbst Afghane, ein Lepraassistent, wir können uns bedingungslos auf ihn verlassen.

Trotzdem, die Frage bleibt: Wie viel Empathie kann man sich leisten? Aber die Menschen sind da. Wie könnte man sich ihrer Not verschließen? Und doch gibt es so viel Not! Die Beschaffung von Geldern ist ein langwieriger Prozess, heute mit einer Flut von Papierkram verbunden. Konkrete Menschen können nur wir sehen. Global sieht man Probleme. – Man muss Probleme sehen und sie zu lösen versuchen. Im Interesse der Menschen.

Eine lebbare Spannung

Wir erleben heute auf der einen Seite eine wachsende Globalisierung. Auf der andere Seite aber auch das deutliche Verlangen von Menschen in der ganzen Welt, in allen Kulturen, in überschaubaren Nahräumen zu leben. Zudem sehen wir, wie große Weltmächte geschwächt und zerteilt werden: eine Reaktion auf die Anonymisierung, die mit der Schaffung von Großräumen einhergeht. Man soll diese Gegenbewegung nicht unterschätzen.

Natürlich muss man für die Produktion Großräume haben. Für das Leben aber muss man Nahräume haben. Die Schwierigkeit liegt darin, diese beiden Pole nicht zu einer zerreißenden Spannung werden zu lassen, sondern sie in einer lebbaren Spannung zu halten. In Deutschland hat man das weitgehend geschafft. Weitgehend durch Bürgerinitiativen. In den Nahräumen kann man den Menschen wirklich helfen. Aber man muss eben „vor Ort" gehen. Vom Schreibtisch oder vom Reißbrett aus ist das nicht zu leisten. Was ich damit meine: Wir haben mit der Bekämpfung der Lepra vor Ort gleichzeitig über 100 000

Menschen von der Tuberkulose heilen können. Diese Zahl hat selbst mich überrascht.

Die großstrukturelle Hilfe ist unbedingt notwendig. Sie lässt sich aber oft nur durchführen, indem man sie in zahlreiche kleine Handlungsfelder aufteilt und dann an und mit den konkreten Menschen arbeitet. Der einzelne Mensch oder die überschaubare Gruppe von Menschen entscheidet, ob die großstrukturelle Hilfe erfolgreich sein wird oder nicht.

Man darf, ja man muss eine Vision haben. Sie ist aber nichts wert, wenn wir sie nicht in die tatsächliche Wirklichkeit der Menschen umsetzen und sie sich so bewahrheiten kann. Die Vision allein ersetzt nicht die Wirklichkeit. Die Arbeit muss *jetzt* getan werden, wenn sie konkreten Menschen helfen soll.

Ich habe eine Vision gehabt, habe sie umgesetzt. Und ich habe immer noch eine Vision. Aber jetzt haben andere die Umsetzung der Vision und die Verantwortung dafür übernommen. Die Begleitung des Projektes unter den neuen Umständen ist unheimlich fordernd und (wir haben immer noch kein deutsches Wort für „*challenge*"), eine wertbedingte Herausforderung. In Europa kann man wenigstens ganz aussteigen und etwas Neues anfangen, wenn man in den Ruhestand tritt. In Asien ist das anders.

Hier geht das offensichtlich nicht, und ich versuche immer noch, herauszufinden, was sie eigentlich damit meinen. Wir sind eine Handvoll von Christen unter den Angestellten, und wir beginnen unseren Tag in der Kapelle. Unser Personalchef betet jeden Morgen:„Wir danken Dir, Herr, dass Du uns Dr. Pfau erhältst, so dass wir in ihrem Schatten unseren Tag verbringen können." Das ist ein Gebet aus den Tropen! Man muss den Unterschied kennen zwischen einer Tagesreise, die in der Sonne und einer, die im Schatten zurückgelegt wird.

Den Menschen voranbringen

Der Mensch steht im Mittelpunkt unserer Bemühungen, das ist das Credo des Teams. Dann wird unser Partner auch offen sein für die Begegnung, die wir ihm anbieten. Er wird zuhören. Wenigstens in der Regel.

Bei unseren Entwicklungsprojekten vernachlässigen wir so oft die gleichzeitige Entwicklung des Menschen. Wir planen nicht genügend Zeit ein, ihnen zuzuhören, geduldig zuzuhören, sie fühlen zu lassen, dass sie für uns wichtig sind. Für das Projekt. Das Wort Entwicklung sagt doch schon, dass nicht wir die Entwicklung schaffen, sondern, dass wir nur ent-wickeln, auswickeln können, was schon da ist, Ent-wicklung! Das ist ein grundsätzlich anderes Verständnis als die Grundkriterien der herkömmlichen Entwicklungsarbeit. Es geht darum, Menschen voranzubringen, nicht nur Projekte zur realisieren. Menschen voranbringen, das ist das Einzige, was sich langfristig wirklich lohnt.

Im Deutschen sagen wir „Ich muss!" Auf Urdu heißt das: „Es muss mich!" In Pakistan denkt man kontextuell. Es ist die Situation, die meine Handlungsweise bestimmt. Im westlichen Verständnis von „Ich muss!", muss *ich* die Situation so verändern, dass sie mir passt. Da stehe also eher ich im Mittelpunkt. In Urdu gleicht man sich der Situation an.

Ich habe mich immer sehr stark als Instrument verstanden. *Er* hat mich so programmiert. Ich musste schmunzeln, als ich die wörtliche Bedeutung des Urdu *„mujhe zeruri hai"* entdeckte.

Wenn Entwicklungsarbeit heißt, den Raum zu schaffen, in dem Menschen sich entwickeln können, braucht man vor allem Geduld und Zeit. Und dann geht es natürlich auch nicht ohne Finanzen.

Entwicklungshilfeorganisationen im Westen verhalten sich da in der Regel unlogisch. Sie geben bestimmte Kriterien vor. Wenn ich dann frage, wer das verwirklichen soll, enden wir in einer Sackgasse. Für die Menschen, die das Projekt durchführen sollen, sind keine Gehälter vorgesehen. Es werden Experten zur Verfügung gestellt. Aber Experten brauchen wir nicht, vielleicht einmal einen am Ende, um den Bericht zu erstellen. Wir haben genügend eigene Erfahrung in den Kontexten, in denen wir arbeiten. Und wir haben diese Erfahrung auch reflektiert. Ich weiß aus fünfzigjähriger Erfahrung, dass ein vernünftiges Budget eine der unabdingbaren Voraussetzungen zum Erfolg ist.

Unsere Grundauffassung ist: Entwicklungsarbeit heißt zu allererst, *Menschen* zu einer kritischen Grundhaltung zu befähigen und in ihnen die Bereitschaft zu wecken, in dieser Grundhaltung Verantwortung zu übernehmen. Ich sehe nichts, was wir an dieser Auffassung ändern sollten.

Sich zurücknehmen

Aufhören müssen wir alle einmal. Wenn dieser Zeitpunkt kommt, dann stellt sich die Frage, wie erwachsen ich die Mitarbeiter habe werden lassen, für die ich Verantwortung getragen habe, und wie erwachsen sie auf Grund ihrer eigenen Entscheidungen selber geworden sind. Jemandem behutsam dabei zu helfen, erwachsen zu werden, ist eine schwierige Aufgabe. Nur wenige bewältigen sie. Sie wird einfacher, wenn man sein Gegenüber mag.

Erwachsen sein heißt für mich, dass man seinen eigenen Schatten nicht über die Tatsachen wirft. Dass man Tatsachen so sieht, wie sie wirklich sind. Vor allem aber, dass man dann entsprechend dieser Tatsachen, und nicht seinen Emotionen nach entscheidet. Das können nur ganz wenige.

Meine Erwartung ist nicht, dass jeder das macht, was ich gemacht habe. Es wäre zu langweilig. Ich habe gelernt, mich zurückzunehmen, weil ich oft genug sehen konnte, dass eine Idee, die ich für nicht intelligent hielt, für den pakistanischen Kontext besser war.

Ich habe gelernt, dass in Pakistan alles langsamer läuft und nur dann überlebt. Und dass es in der Lepraarbeit noch einmal langsamer geht, schon wegen der Arbeit im ganzen Lande, und in schwer zugänglichen Gegenden.

Hier gibt es einfach eine längere Inkubationszeit als anderswo. Ich weiß auch nicht, wie die politische Lage in Pakistan in drei Jahren sein wird. Das Land muss ja seinen Weg inmitten großer Brüche und Umwälzungen finden. Dieser dauernde Wechsel der Situationen und

Herausforderungen hat aber auch etwas Gutes. Er bewirkt, dass Hingabe, Geduld und Treue sich dauernd bewähren und entwickeln müssen und dadurch von Mal zu Mal stärker und entschiedener werden.

Ich lebe auf der Schwelle

Ich habe mich in den letzten Jahren auch gesundheitlich daran gewöhnt, besser: darauf eingestellt, auf der Schwelle zu leben. Ich habe, vermutlich von Jugend an, einen Herzklappenfehler, und bin schon einige Male früher richtig krank geworden, während ich auf Außeneinsätzen war. Keiner konnte herausfinden, warum ich ständig hohes Fieber hatte. Niemand, auch ich nicht, hat damals daran gedacht, dass es sich um eine Entzündung der Herzinnenhaut handeln könnte, eine Endokarditis. Den Herzfehler hat man erst sehr spät diagnostiziert, in Wien. 2008 habe ich einen Herzschrittmacher eingesetzt bekommen – der hat mir gutgetan. Im Augenblick lebe ich ganz von seinen Impulsen. Mein Team nennt ihn den *„peacemaker"* (Friedensstifter) statt *„pacemaker"*, Herzschrittmacher. Seit der Operation im September 2008 habe ich auch meine Reisen in die Provinzen wieder aufnehmen können.

Übrigens hat diese sehr erfolgreiche Operation, die wir hier in Karachi gemacht haben, eine Frage aufgeworfen: Wie sinnvoll ist es, das Leben zu verlängern? Ich hatte die Hälfte des Weges zurückgelegt. Hätte man mich nicht lieber sterben lassen sollen, als diese unnatürliche Verlängerung zu erzwingen? Ich habe mein Leben gelebt, ein volles, buntes, aufregendes, erfülltes Leben. Ich wüsste nicht, was mir noch fehlte. Ich fühle mich wie Abraham, von dem es heißt: „... und er starb alt und lebenssatt." Nicht, dass er das Leben satt gehabt hätte, er war wirklich satt vom Leben. Ich stoße hier mit meiner Interpretation auf wenig Verständnis und Gegenliebe. Aber ich denke immer wieder: Jetzt passt der Schrittmacher darauf auf, dass nichts passiert. Woran soll ich nun sterben?!

Für Verdrängung zahlt man

Manchmal ist es für andere sicher schwer zu verstehen, wie ich lebe, und warum ich so lebe. Mir macht es nichts, wenn mir jemand im Blick auf mein unruhiges Leben sagt: Du bringst dich um! Ich denke bloß: Aber gerne! Da bin ich eben etwas atypisch. Immer musste ich darauf achten, dass ich mit dieser Veranlagung meine Mitarbeiter nicht überfordere. Sicher spielen in meiner Haltung nicht nur genetische Gründe eine Rolle. Es sind auch die Erfahrungen der Kindheit und Jugend: Krieg, die Informationen über die Konzentrationslager, Hunger und ständige Unsicherheiten. Der Krieg hat mich tief geprägt. Viele aus meiner Generation haben das verdrängt. Irgendwie mussten wir alle das verdrängen, um zu überleben. Und für Verdrängung zahlt man. Ich habe es, weil ich eben ziemlich ohne Unterbrechung in ähnlichen Situationen gelebt habe, weniger verdrängen können. Es gehört zu meinem Lebenspaket dazu. Das hat auch seinen Preis, wie ich jetzt sehe. Aber wenn man nur auf Billiges aus ist, dann bleibt das Leben auch billig. Das hätte mir nicht gefallen.

Es gibt, wie schon ganz am Anfang gesagt, Dinge, die kann ein Mensch in der Spanne seines Lebens nicht verarbeiten. Er kann sie nur zu kompensieren versuchen. Auf Auschwitz habe ich keine Antwort. Wer kann schon eine Antwort darauf haben? Meine Art zu leben, ist sicher auch die Kompensation solcher nicht verarbeitbarer Erfahrungen. Auf so viel Unsinnigkeit, so viel Sinnlosigkeit, die ich erlebt habe, war nur eine Antwort möglich: Sieh wenigstens zu, dass du das in einem kleinen Gebiet, in dem du Einfluss hast, verhinderst! Das habe ich versucht.

Es gibt heute nur eine Bevölkerungsgruppe in Pakistan, die nicht unter Menschenrechtsverletzungen zu leiden hat. Das sind die Leprapatienten. Damit haben wir wirklich aufgeräumt. Wir haben ihnen dabei geholfen, das Recht für sich in Anspruch zu nehmen, als Menschen zu leben. Im Kleinen ist diese Arbeit auf meine Lepraassistenten übergegangen. Im Großen fehlt mir noch jemand, der das große Ganze inspirieren kann. So lange dieser Jemand fehlt, sind meine Lepraassistenten (die ja gar nicht „meine" sind), immer wieder durch äußere Einflüsse gefährdet. Wenn man so gegen den Strom steuert wie wir, muss es jemanden geben, der ihre Überzeugung stärkt und den Schwung dazu gibt, anders zu sein. Ich wünschte mir, dass es jemanden gäbe, der dazu die Fähigkeit hätte: die Führungsqualitäten, die Risikobereitschaft zum Vertrauen, jemand, der es dem Team zumuten könnte, das Ungewöhnliche zu tun.

Man kann so viel tun

Für die nächste Zukunft gibt es wohl zwei Möglichkeiten: Entweder wir geben unsere Außenstationen an die Regierung zurück, weil wir sagen, wir haben unsere Aufgabe erfüllt, die Lepra in den Griff zu bekommen, oder wir bleiben voll in Funktion mit diesem neuen Auftrag des *community development*. Dafür vor allem möchte ich meine noch verbleibende Kraft und Zeit einsetzen.

Wir haben für die Lepraarbeit eine gute Infrastruktur geschaffen, ein Netz über ganz Pakistan geknüpft. Wir möchten jetzt, dass es weiter den Menschen zugute kommt, wenn wir es nicht mehr für die Leprabekämpfung brauchen. In der nördlichen Grenzprovinz, in Baluchistan, haben wir schon mit den Provinzialregierungen erfolgreich verhandelt, dass es für die Verhütung und Behandlung von Erblindung benutzt wird, zumal unsere Lepraassistenten auch die volle Ausbildung als Augenassistenten haben. Das ist eine aufregende Sache mit vielen aufregenden Geschichten. Man kann so viel tun in Pakistan, mit ganz geringen Mitteln.

Wir haben es schon ausprobiert. In Malir zum Beispiel, der christlichen Straßenfegerkolonie. Die Gemeinschaft, als sie endlich an ihren eigenen Wert glaubte, hat es uns ermöglicht, Lepra, Tuberkulose und Erblindung in den Griff zu bekommen. Die Wasser- und, Abwasserversorgung, die Müllabfuhr, die Stromversorgung und ein Minipark sind allesamt das Ergebnis der Bemühungen der Gemeinde. Sie hat die Schmetterlingsschule und zwei Fußballclubs gegründet und den Drogenhändlern das Handwerk gelegt. Und jetzt arbeiten wir an einer Schulmöglichkeit für arbeitende Kinder.

Das Leben der Gemeinde hat sich nachhaltig gebessert!

Ein zweites Projekt ist das Hindu-Projekt, das damals mit der Klage zweier Mütter begonnen hatte. Heute haben die Mitglieder der Gemeinschaft Identitätskarten, sie sind von den Müllhalden in eine neues Siedlungsprojekt umgezogen, haben ihre Gemeindevertreter, sind wahlberechtigt, arbeiten auf dem Gemüsemarkt, haben medizinische Grundversorgung, Trinkwasser, Abwasseranlagen und Stromversorgung sowie eine Volksschule. Nur schicken sie ihre Kinder mehrheitlich nicht hin, weil sie im Gemüsemarkt mitverdienen müssen. Wir versuchen gerade ein neues Schulmodell: Schulspeisung, und dann ein Lehr- und Lernprojekt mit viel Eigeninitiative der Kinder.

Noch einmal Jandi

Von Jandi habe ich schon erzählt. Das Dorf liegt hoch oben in den Bergen von Baluchistan, dort, wo niemand hingeht, weil es einen sechs Tage zu Fuß kostet. Ein Lepranest! Es blieb uns nicht anderes übrig, wir mussten nach Jandi, um die Krankheit in den Griff zu bekommen. Und dadurch hat sich dann das aufregendste, erste *Community-Development*-Projekt entwickelt. Heute leben die Menschen nicht mehr mit dem Vieh zusammen in den Strohhütten, sondern in einfachen Steinhäusern, ihre Schafe sind noch in den Strohhütten untergebracht. Wir haben einen Bergbach gestaut, ihn von Schlingpflanzen gesäubert und dabei die Blutegel ausgerottet, die sich in der Kehle von Mensch und Tier festsaugten und zu Erstickungsanfällen führten und haben auf diese Weise sauberes Trinkwasser und eine Tränke fürs Vieh ermöglicht. Wir haben eine Jungenschule, und dann auch eine erfolgreiche Mädchenschule eröffnet, und als sie liefen, beide der Regierung übergeben. Damit ist die Nachhaltigkeit gesichert. Die verfeindeten Familien brennen sich wenigstens nicht mehr gegenseitig ihre zur Ernte reifen Felder nieder, die schwangeren Frauen bekommen die Esel zum Wasserholen und müssen die schweren Wassersäcke nicht mehr über weite Strecken auf dem Kopf tragen. Einer ihrer Jungen, den wir zur Mittelschule geschickt haben, hat erfolgreich das Lepraassistenten-Examen abgelegt und garantiert heute die Basisgesundheitsdienste für den Stamm. Nur mit der Abschaffung der Blutrache kommen wir nur zentimeterweise vorwärts – das wird wohl noch bis zur nächsten Generation dauern. Aber den jungen Leuten wird das Gewehr bereits zur Bürde, das noch widerwillig wegen der Stammesältesten getragen wird.

Es braucht Zeit, ehe sich ein neues Denken und neue Gemeinschaftssitten durchsetzen.

Was ist Zeit?

Im Erleben und Erfahren der Zeit liegt ein tiefer Graben zwischen der europäischen und arabisch-asiatischen Welt. Beide Kulturen leben bis heute in gänzlich unterschiedlichen Zeitvorstellungen.

Ein Beispiel: Als man vor einem halben Jahrhundert mit dem Schiff nach Karachi fahren musste, bekam man wenigstens noch die Tatsache mit, dass man in eine andere Welt fuhr. Durch die relative Langsamkeit einer Schiffsreise hatte man genügend Zeit, sich auf die neue Welt einzustimmen, sich von der alten, aus der man kam, zu lösen. Heute fliegt man in ein paar Stunden von einem Kontinent zum anderen. In der Schnelligkeit liegt einer der Gründe, warum manche international schnell betriebene Politik nicht funktioniert: Man nimmt zu wenig oder gar keine Rücksicht auf die Denk- und Lebensweise, auf die Seele anderer Kulturen. Das kann nicht gut gehen.

In Urdu gibt es das Wort „*kal*", das sowohl „heute" als auch „morgen" bedeuten kann. Manche Kritiker im Westen sagen: Wenn eine Kultur es nicht für nötig hält, für zwei Tatbestände, die völlig unterschiedlich sind, wenigstens zwei Wörter zu erfinden, dann haben wir keine Möglichkeit der Kommunikation.

In Pakistan lebt man wirklich in einer anderen Zeit. Wer das nicht begreift, der muss scheitern. Wir können in der

Ausbildung unserer Mitarbeiterinnen und Mitarbeiter westliche Planungskriterien anwenden, aber in der Gemeindeentwicklungsarbeit ist das völlig unmöglich. Deshalb haben wir bislang auch praktisch keine Entwicklungshilfegelder angenommen, um nicht in die westliche Schnelligkeit gezwungen zu werden. Unsere Leute kommen dann nicht mit.

Man kann einer Frau nicht sagen: „Die Zeiten haben sich geändert. Du musst jetzt ein Baby in sechs statt in neun Monaten zur Welt bringen!" Ein Baby wird immer neun Monate brauchen, bis es zur Welt kommen kann.

Was mein persönliches Zeitverhalten betrifft, so stelle ich fest, dass ich in meinem Alter nicht mehr wie früher sieben Sachen gleichzeitig tun kann – und will. Ich beobachte bei mir einen Trend zur Langsamkeit. Er verlockt mich. Aber ich folge ihm noch nicht bewusst.

Die Zeichen der Zeit erkennen

Eines wird mir zunehmend wichtiger: dass ich die Zeichen der Zeit richtig interpretieren kann. Ein Zeichen der Zeit, das mich beunruhigt, ist, dass die Mitarbeiterinnen und Mitarbeiter im MAC einen gepflügten Acker vor sich haben und den nötigen Schwung noch nicht aufbringen, den neuen Samen des *community development*, der Gemeindeentwicklung, in die vorbereitete Erde zu legen.

Es wird so viel ausländisches Geld in die Armutsbekämpfung in Pakistan gepumpt und es kommt nur wenig bis nichts dabei heraus. Wir stecken viel Geld in die medizinische Weiterentwicklung und es kommt keine Gesundheit dabei heraus. Das würde die Gemeindeentwicklung ändern können. Ich wünsche mir, dass MAC auf diesem Gebiet weiter arbeitet. Der Boden dazu ist bereitet. Wir haben auch schon unsere Erfolge zu verzeichnen.

Mich beunruhigt auch, dass die Taliban in Pakistan für ihren Terror fruchtbaren Boden gefunden haben. Es hat unheimliche Opfer gekostet, sie wieder aus den Gebieten, in denen sie sich festgesetzt hatten, herauszubringen. Es ist schrecklich, dass deswegen ganze Städte in Trümmer gelegt werden mussten. Dass sich so etwas nicht wiederholt oder noch weiter ausbreitet, dagegen kann man etwas tun – ohne sinnlose und brutale Gewalt anzuwenden, die nichts löst und die Menschen nur noch tiefer ins Elend stößt. Soweit ich es sehe: Das geht nur über eine Bewusstseinsbildung in den Gemeinschaften.

Das rechte Urteil finden

Er sagte aber zu den Volksscharen: Sobald ihr im Westen Wolken aufsteigen seht, sagt ihr: Es gibt Regen. Und es kommt so. Und wenn der Südwind weht, dann sagt ihr: Es wird heiß. Und es trifft ein. Ihr Heuchler! Das Aussehen der Erde und des Himmels könnt ihr deuten. Warum könnt ihr die Zeichen dieser Zeit nicht deuten? Warum findet ihr nicht von selbst das rechte Urteil?

(Neues Testament, Lukasevangelium, 12,54–57)

Toleranz – keiner ist im Besitz der letzten Wahrheit

Ein Zeichen der Zeit ist auch die unbedingte Notwendigkeit, für Toleranz einzutreten. Ein ermutigendes Zeichen für mich sind gewisse Entwicklungen im MAC. Zum Beispiel, dass Mohammed Ali als Schiite für die Sunniten im Ausbildungskursus den Islamunterricht übernommen hat, und dass dies zu keinerlei Schwierigkeiten geführt hat. Mohammed Ali, ein Lepraassistent aus Skardu, hat im Projekt eine steile Karriere hingelegt und ist ein Leprosy Field Officer, mittlere Laufbahn, verantwortlich für eine ganze Provinz. Da er Schiite war und die Zentralregierung in Gilgit sunnitisch, gab es heftige Auseinandersetzungen. „Dieser Schiite aus Skardu!", sagte man auf der Regierungsseite abschätzig über ihn. Seine außerordentliche fachliche Qualifikation hat offensichtlich keinen beeindruckt. Das war ein endloser Streit. Als er schließlich auf die Arbeit übergriff und sie zu beeinträchtigen drohte, habe ich mich gemeldet und mich für ihn eingesetzt. Mohammed Ali hat aber dann nach 25 Dienstjahren bei der Regierung seine Pensionierung eingereicht, ist nach Karachi gekommen und bei uns in MAC eingestiegen. Er ist ein Gewinn für unser Team.

Toleranz heißt, dass wir darauf hinarbeiten, dass sich Leute wirklich kennen lernen, dass man sich schätzen lernt, so wie man ist. Wenn das geschieht, kommt alles weitere von selber.

Dasselbe gilt im Blick auf die religiöse Toleranz. Es kommt darauf an, dass man durch die eigene konsequente Religiosität eine Stimmung erzeugt, die beim anderen freundliche Fragen aufkommen lässt, dass man also im positiven Sinne fragwürdig wird. Jeder behauptet von sich – was durchaus unlogisch ist! – dass er im Besitz der letzten Wahrheit sei. Im „Besitz" der letzten Wahrheit ist allein Gott und nicht wir, die ihn für unsere jeweilige Überzeugung vereinnahmen wollen. Das ist eine Anmaßung, die uns nicht zusteht. Ich muss Gott, wenn *er* will, die Möglichkeit geben, über alles historisch Gewachsene hinaus noch einmal etwas ganz Neues zu bewirken, das alle unsere bisherigen, gewohnten Vorstellungen übersteigt.

Für mich war die Erkenntnis der Naturwissenschaften sehr wichtig, dass der präziseste Messapparat dadurch unpräzise wird, dass eine Person nahe an ihn herankommen muss, um ihn abzulesen. Wenn das in der Naturwissenschaft gilt, dann gilt das in der Theologie noch viel mehr. Eine Offenbarung, die für uns gedacht ist – das Messgerät ist ja auch für uns gedacht – verändert sich schon dadurch und leidet in ihrer ursprünglichen Reinheit, dass sich der Mensch ihr messend, absichtsvoll nähert. Dieses Faktum kennt jede Naturwissenschaftlerin und jeder Naturwissenschaftler. Ob das in der Theologie jede und jeder weiß?

Ein anderer wird dich führen

*Amen, Amen, ich sage dir: Als du jung warst, hast du dich
selbst gegürtet und konntest gehen, wohin du wolltest. Wenn
du aber alt geworden bist, wirst du deine Hände ausstre-
cken, und ein anderer wird dich gürten und führen, wohin
du nicht willst.*
(Johannesevangelium 21,18)

Ausblicke

Erfolg ist, wenn wir nicht mehr gebraucht werden

In Pakistan war mir vom ersten Tag an klar, dass ich mich einer anderen Kultur anpassen musste. Ich habe mich niemals als Managerin gesehen, sondern immer – was sonst? – im Sinne des Neuen Testaments als Dienerin. Erstaunt war ich immer, wenn mich jemand von außen als erfolgreiche Managerin gesehen hat. Erfolgreich schon! Aber Managerin nicht. Ich habe Erfolg gehabt, weil ich alles habe wachsen lassen. Sicher muss man auch die Fähigkeit haben, einmal schnell zu reagieren, sogar durchzugreifen. Das ist aber nicht oft gefragt.

Erfolg? Aus den unterschiedlichsten Blickwinkeln wird immer wieder danach gefragt. Klar, es ist hilfreich, wenn man auch sichtbaren Erfolg vorweisen kann. Wenn vorn auf einem Projekt „Leprabekämpfung" steht, dann muss am Ende auch Leprabekämpfung herauskommen. Wir haben für uns den Erfolg bereits 1961 folgendermaßen definiert: Der Erfolg ist dann eingetreten, wenn wir nicht mehr gebraucht werden und uns niemand mehr vermisst.

Das Loslassen ist etwas ganz Schwieriges. In der konkreten Durchführung ist es schon deswegen schwierig, weil die Dinge sich ändern und Situationen sehr schnell wechseln. Mal meint man, jetzt ist es soweit, und in der nächsten Woche muss man an der gleichen Stelle wieder ganz von vorne beginnen.

Die Konstanten in diesen oft auch chaotischen Situationen waren und sind die Menschen, die unsere Nähe, unsere Hilfe, unsere Zuwendung brauchen. Mein Lebensrhythmus wird diktiert vom anderen. Darin liegt auch einer der Gründe für mich verborgen, warum ich das Projekt noch nicht verlassen kann, obschon ich nicht mehr so aktiv dabei bin wie früher. Ich will und muss einfach *da* sein. Das sagen mir immer wieder meine Mitarbeiter und Patienten. Sie sagen: „Sie brauchen gar nichts zu tun! Sie dürfen nur nicht weglaufen!" In Pakistan ist das so: Wenn der älteste Sohn verheiratet ist, wird die Arbeit von der Frau des Sohnes gemacht, und dann sitzt die Schwiegermutter wirklich nur noch auf dem Ruhebett. Aber auch da beginnt sich in Pakistan etwas zu ändern. Das habe ich gespürt, als mir meine Mitarbeiter aus Baluchistan sagten: „Sie müssen unbedingt mit einer Altenhilfe anfangen!" Die herkömmliche Familienstruktur bröckelt. Das wird noch die größten Probleme in der mittleren und weiteren Zukunft mit sich bringen, weil Pakistan ja kein soziales Netz hat, das solche Menschen auffangen könnte.

Alter in Pakistan

In Deutschland wird einem das Loslassen durch soziale Zwänge vorgegeben. Das ist eine Chance, die wir in Pakistan nicht haben. In Pakistan ist eine Pensionierung mit staatlicher Absicherung nicht vorgesehen. Das Pensionierungsalter liegt bei 60 Jahren. Da man aber keinen

Rentenanspruch hat, ist die Umstellung oft sehr schwer. Es gilt, wenn man verdienende Söhne hat, dass die ihre alten Eltern unterstützen, aber das kann und kann auch nicht eintreten. Wir sind schon ganz neue Wege gegangen und zahlen eine Minirente. Jetzt zahlt auch die Regierung für Menschen über 65 einen Minibetrag.

Als ich meinen Mitarbeitern gesagt habe, dass es in Deutschland Sitte ist, dass man mit 65 Jahren die Führungsposition, die man eingenommen hat, räumt und sich aus dem Betrieb zurückzieht, da hat ein Mitarbeiter gelacht und gesagt, dass ich offensichtlich in 40 Jahren nicht verstanden hätte, dass in Pakistan andere Regeln gelten. Darin hatte er in diesem Land Recht. Ich hatte wirklich nicht verstanden, dass meine Pensionierung, nachdem ich mich einmal integriert hatte, nach pakistanischen Regeln vor sich gehen müsse. Das geht aber auch nicht so einfach. Denn in meinem Alter gibt es in Pakistan kaum noch Frauen, die so aktiv wie ich gewesen sind und sich jetzt zurückziehen wollen. Das fängt gerade erst kaum spürbar an. Es gibt jetzt einen ersten Seniorenclub in Karachi und die, die daran teilnehmen, lernen gerade, die Fragen zu buchstabieren. Auch das hat mit der Tatsache zu tun, dass es in Pakistan keine soziale Absicherung gibt.

Wenn ich allein daran denke, welchen Wohnraum eine einzelne Seniorin in Deutschland ganz selbstverständlich erwartet und auch bekommt, dann wird die Utopie, auf Pakistan projiziert, ganz offenkundig. Ich nehme als Beispiel mein eigenes Zimmer im Krankenhaus, in dem ich arbeite und schlafe. Ich sehe die erstaunten Blicke, wenn ich sage: „Während meiner Abwesenheit könnt ihr gerne jemanden dort wohnen lassen. Aber wenn ich wieder da bin, dann möchte ich in diesem Zimmer allein wohnen." Da ist sowieso kein Platz für ein zweites Bett. Da ist keine Vorarbeit geleistet worden. Deshalb habe ich da keine Vorbilder, bin so etwas wie ein Prototyp.

Es ist mir doch sehr fremd, wenn mir meine Mitarbeiter immer wieder sagen: „Sie müssen nur da sein. Wir wollen nichts anderes, als dass Sie nur hier sitzen und da sind!" Ich bin keine Frau, die sich auf ihr Bettgestell setzt, fett wird und ihre Schwiegertochter herumkommandiert und sagt: „Mach' dies, mach' das und mach' jenes!" Dazu bin ich nicht gemacht. Diesem in Pakistan faktisch existierenden kulturellen Muster kann ich nicht entsprechen. Ich sage: „Wir müssen noch irgendein Muster erfinden, das ich leben kann und mit dem ihr euch anfreundet, sodass ihr es eventuell auch annehmen könnt!" Diese tägliche neue Abwägung finde ich schwierig. Für die Mitarbeiter ist es nicht schwierig, denn ich passe mich *ihnen* ja an. Die Identitätsfindung in dieser Situation ist für mich jedoch wirklich stressig.

Hinzu kommt, dass ich ständig in drei gänzlich verschiedenen Sprachen operieren muss. Eigentlich müsste ich Urdu, die pakistanische Nationalsprache noch besser sprechen. Ich habe es in den letzten Jahrzehnten schon besser gelernt, spreche sogar schon öffentlich Urdu. Aber für schwierige, komplexe Diskussionen ist es noch längst nicht ausreichend. Ich müsste das literarische Urdu können, damit ich Bücher oder Zeitungen in Urdu lesen könnte, das kann ich aber nicht. Und um es noch ein wenig komplizierter zu machen: Die wichtigen Bücher erscheinen in Pakistan in englischer Sprache. Wer, außer einer kleinen gebildeten Schicht, kann in Pakistan schon Englisch lesen und verstehen? Und wer liest denn überhaupt? Es gibt keine Lesekultur im Land. Wie soll ich angemessen vermitteln, wie unsere Arbeit aussieht, welchen Grundsätzen sie folgt? Das Land springt gegenwärtig von einer Nichtlesekultur direkt ins Internet. Das hat kulturelle Brüche zur Folge, die wir heute nur in Umrissen ahnen können.

Die Zukunft der alten Menschen in Pakistan sieht nicht rosig aus. Eine strukturierte Hilfe für sie ist noch nicht einmal in den Blick genommen. Ein Sozialnetz haben wir nicht. Von Seiten der Religion ist da auch nichts zu erwarten. Ursprünglich hatte der alte Mensch in Pakistan, auch aus der Sicht des Islam, eine hohe Stellung. Der Rat der Alten war eine wichtige Institution. In manchen Bereichen, etwa unter den afghanischen Flüchtlingen, funktioniert das noch. Aber in der pakistanischen Gesellschaft bröckelt das mehr und mehr ab, und es wächst nichts Neues nach. Das gilt vor allem für das städtische Milieu, macht aber auch vor dem ländlichen Milieu nicht Halt. Wenn die Männer aus der Stadt in ihre Dörfer zurückkehren, dann wird dieser Verfall dort mit eingeschleust.

In Azad Kashmir, in den hohen Bergen und engen Tälern, gibt es keine Großgrundbesitzer, sondern nur kleine und kleinste bäuerliche Betriebe. Ich habe dort eine allein lebende alte Frau getroffen, mit einer Kuh. Sie sagte mir: „Mein Sohn kommt noch einmal im Jahr zur Maisernte, damit wir sie einbringen können. Sonst sehe ich keines mehr von meinen fünf Kindern." Eine Dorfgemeinschaft, die helfen könnte, gibt es nicht. Das sind alles verstreut liegende Einzelhöfe im Hochgebirge. Die alte Frau ist dort so verwurzelt, dass sie nicht dazu zu bewegen ist, in die nächste Stadt zu einem ihrer Kinder zu ziehen. Welch schreckliche Einsamkeit muss diese Frau durchleiden! Das Beispiel beleuchtet das Problem mit den älteren und alten Menschen in Pakistan in einem grellen Licht.

Es war so schön geplant – mein Alter

Wenn ich wirklich keine Kraft mehr habe, könnte ich theoretisch in meine Ordensgemeinschaft in Karachi zurückkehren, das wäre das Logischste. Aber das war von Anfang an ein Problem und ist es geblieben. Ich habe immer nach irgendwelchen Lösungen gesucht, aber eigentlich keine gefunden. Es ging, solange Oberinnen aus meinem Kulturkreis da waren. Ich habe aber immer dafür gekämpft, dass die jungen Schwestern aus dem Punjab die Verantwortung übernehmen. Ich habe gefragt: „Wenn unsere Leprahelfer eine ganze Provinz verwalten können, warum können dann eure jungen Frauen nicht die Verantwortung für eine Ordensgemeinschaft übernehmen?" Das ist jetzt endlich geschehen. Das Problem dabei ist, dass diese Frauen eine vorkonziliare Vorstellung vom Ordensstand haben, die ich nicht leben kann. Deswegen habe ich immer so viel wie möglich außerhalb der Gemeinschaft gelebt, was übrigens in unserer Ordensform vollkommen normal ist.

Wenn ich einmal nicht mehr kann und der Sorge und Pflege anderer bedarf, dann bleibe ich im Krankenhaus. Dort habe ich ein kleines Zimmer. Und die „Leprafamilie" fühlt sich durchaus für mich verantwortlich. Da ich keine Kinder habe, kommandiert man jemanden ab.

Und der tut es gern. Ich erwarte, dass meine Mitarbeiter mich, wenn ich wirklich einmal nicht mehr kann, auch pflegen werden. Das Normale in Pakistan ist, dass diejenigen, für die man ein ganzes Leben lang gesorgt hat, im Alter nun für einen selbst sorgen. Das gibt mir Rückhalt und Sicherheit. Die Frage ist für mich nicht aktuell, unterschwellig beschäftigt sie mich aber schon: Warum ist das nur bei mir möglich und nicht bei allen alten Menschen? Wenn man ein ganzes Leben für andere gearbeitet hat, wie soll dann die letzte Phase gestaltet sein?

Das Problem fing schon mit meinem Herzschrittmacher an. Bevor ich ihn bekam, hätte ich jederzeit sterben können. Heute frage ich mich manchmal, warum ich die Operation habe machen lassen. Aber ich konnte nicht mehr selbst darüber entscheiden. Als es kritisch wurde, haben mich meine Mitarbeiter ins Krankenhaus gebracht und für mich entschieden. Heute sind sie froh, dass ich wieder da bin, und mitarbeiten und reisen kann. Für mich bleibt trotzdem die Frage nach dem Sinn.

Es war so schön geplant: Ich wollte im Alter zwei vernachlässigte Projekte wieder aufnehmen und mich nur um diese kümmern: Einmal um das Hindu-Projekt in Adam Goth und zum anderen um die illegalen afghanischen Flüchtlinge. Die Finanzkrise, die auch über uns hereingebrochen ist, hat das vereitelt. Die Frage, wie weit ich aus dem Management aussteigen kann und soll, und wie weit ich drin bleiben sollte, ist für mich bis heute ungelöst geblieben. Mein Management gibt mir da keine Hilfe. Klar: Mein Name ist so eng mit MAC verbunden, dass es unmöglich ist, in den richtigen Ruhestand zu gehen. Das wäre, wie wenn sich *Coca Cola* plötzlich *BP* nennen und auf den berühmten *Coca Cola*-Namen verzichten würde. Das wollen die Mitarbeiter im Management nicht. Das Ganze ist ein schwieriger Balanceakt.

Was mich gegenüber früher jetzt auch beeinträchtigt, ist die Tatsache, dass ich nicht mehr alles sofort parat habe. Es dauert eine ganze Weile, bis ich die nötigen Informationen auf meinen Schirm geholt habe. Wenn ich dann einmal drin bin, dann ist es okay. Aber bis ich drin bin, das dauert seine Zeit. Fünf, sechs Sachen gleichzeitig parat zu haben, das geht bei mir nicht mehr.

Man kann diesen eigenartigen Zustand eigentlich nur verstehen, wenn man ihn vor dem Hintergrund der pakistanischen Kultur betrachtet. Ich bin für die Mitarbeiter immer noch die „große Mutter", die man unbedingt zu Rate zieht und die dafür auch präsent sein muss und deshalb informiert sein sollte. Das gehört immer noch zum Profil von MAC. Es herrscht die Auffassung: Der Sohn kann das Haus verlassen, die Tochter mag das Haus verlassen, aber wenn die Mutter das Haus verlässt, dann ist die Familie für immer diskreditiert. Das heißt ins Deutsche übersetzt: Bis dass der Tod euch scheidet!

Im Klartext: Ich weiß nicht, wie ich alt werden, alt sein sollte. Ein bislang unbegangener Pfad. Ich habe auf dem Weg zu dem „Modellweg" viel gelernt, viel Unerwartetes und Schönes und Aufregendes entdeckt, aber fündig bin ich noch nicht geworden.

Er ist Partner geblieben

Mein Glaube hat sich verändert. Wenn jemand bis zum Ende seines Lebens seinen kindlichen Glauben bewahrt hat, dann ist das nicht gut. Aber wenn er zum kindlichen Glauben zurückgefunden hat, nachdem er Stufen der Glaubensentwicklung durchlaufen hat, dann ist das völlig in Ordnung. Am Ende steht dann wieder der kindliche Glaube, der stillschweigend einverstanden ist und nicht mehr fragt.

Über Gott kann ich nichts sagen. Er ist Partner geblieben. Wie weit er sich mir mitteilen will, welche Facette meines Lebens er noch ansprechen will, das steht allein bei ihm. Das gehört zum Fundament meines Glaubens: Gott bleibt für mich der Gleiche, von Anfang bis Ende. In Gott selbst ist keine Entwicklung. Die Entwicklung Gottes ist Jesus. Die Kirche ist eine geschichtliche Entwicklung. Gott selber aber ist, wie Augustinus einmal sagte, das „unwandelbare Licht".

Mit abstrakten theologischen Trinitätsmodellen kann ich nicht persönlich in Verbindung treten. Ich habe mich in der Regel an Jesus gehalten. Er, der von sich gesagt hat: „Wer mich sieht, der sieht den Vater." Damit habe ich mich begnügt.

Die Tatsache, dass Gott Beziehungen aufbaut, ermöglicht diese existenzielle Kommunikation. So kann ich auch Dreifaltigkeit verstehen: Dass in Gott selber und dass er selber Beziehung ist. Wie wollte und sollte er sonst lieben?

Es gab und gibt Phasen, in denen die Perspektiven Gottes sich für mich verändern. Das hat natürlich entscheidend mit der geschichtlichen Entwicklung zu tun, konkret: mit meiner eigenen, und der Entwicklung in Pakistan. Da spielt sich ja wirklich etwas ab in diesem Teil der Welt! Vor allem, wenn man das Ganze von unten betrachtet. Die „oben", die Politiker, haben natürlich auch ihre Sorgen, das gebe ich zu. Ich sehe es aber von unten. Dort war und bin ich anwesend. Dort kenne ich mich aus. Dort mache ich meine Erfahrungen. Es sind Erfahrungen ständigen Leids, ständiger Einbrüche, wie zum Beispiel die Naturkatastrophen, die Pakistan in den letzten Jahren vermehrt heimgesucht haben: zwei große Erdbeben, zwei große Überschwemmungen. Niemand weiß, wann Karachi dran sein wird. Die Stadt liegt in einer höchst gefährdeten Erdbebenzone.

Ängste erzeugen auch, obwohl wir das verdrängen und nicht daran denken wollen, die Atombombe, die irgendwo in unserem Unbewussten gegenwärtig ist. Es gibt einen Berg in Baluchistan, in dem schon bei einem unterirdischen Atomtest eine Bombe explodiert sein soll. So erzählt man sich dort. Die Baluchi-Ziegenhirten sehen diesen Berg als verflucht an, weil ihre Herden eingehen, wenn sie sie dort weiden lassen. Das ist ein Gerücht, das ich nicht verifiziert habe. Aber vielleicht ist etwas Wahres daran, wie so oft an Gerüchten.

Gott ist – unbegreiflich

Angesichts der Frage, wie Leid in der Welt entsteht, bin ich entschieden dafür, zuerst einmal nach unserer eigenen Verantwortung für die Ursachen zu forschen, bevor man die Frage auf die Ebene Gottes hebt. Aber danach bleibt in der Theodizee, in der Verteidigung Gottes angesichts des Leids in der Welt, hartnäckig die Frage hängen: Wenn *du* uns mit Freiheit geschaffen hast, wenn du gewusst hast, dass wir diese Freiheit missbrauchen, warum hast du uns dann nicht bessere Unterscheidungsorgane gegeben, mit denen wir so etwas erkennen und vermeiden können? Diese Frage bleibt. Und findet keine Antwort. Gott hat seine Abgründe, die wir nicht ergründen können.

Ich habe kein bestimmtes Bild von Gott und bin auch ohne eine bestimmte Grundprägung in dieser Frage aufgewachsen, ohne kirchliche Versuche, mir Gott näher zu bringen.

Ich glaube, dass Gott per se unverständlich und unbegreiflich ist. Wenn er verständlich wäre, dann bräuchte ich ihn nicht. Man kann so gut wie nichts über ihn sagen. *Gott ist. Er ist da.* Er hat entschieden, sich in Jesus von Nazareth zu offenbaren. Obwohl dieser auch schwer zu verstehen ist, kommt man dem Geheimnis Gottes in ihm doch wenigstens ein wenig näher. Gott widersetzt sich jeder Aufklärung. Das wissen auch die Theologen. Gott hat eine andere Logik, eine andere Grammatik als die menschliche. Darauf kann man als Mensch nur angemessen antworten, indem man etwas tut. Oder indem man schweigt. Das ist die einzig mögliche und angemessene Alternative. Aber ich kann nicht nur schweigen und sitzen bleiben.

Ich setze mich dem Leid aus

Ich lebe die Fragen, die ich Gott stelle, indem ich mich dem Leid aussetze. Aus dieser Haltung heraus stelle ich Gott die Frage, warum er zulässt, dass sich die Menschen *so viel* Leid zufügen. „Hat Gott seine Gnade vergessen?", fragt der Beter in einem Psalm. Ich lebe in Pakistan in der Erfahrung des verschärften Leides. Das ist im Grunde nichts Neues. Wenn ich zurückblicke, dann weiß ich, es ist immer so gewesen. Aber nun hat es sich gesteigert – wenn ich nur auf die über 3 Millionen Flüchtlinge im Land schaue. Ich finde es geradezu rührend, dass die Menschen, die dieses Leid erfahren, immer noch hoffen, dass sich die Verhältnisse zum Besseren wenden. Offensichtlich kann man die Hoffnung nicht umbringen. Aber in einer Situation, in der sich die Armee gegen die eigenen Bürger wendet, ist diese Hoffnung besonders gefährdet. Die Situation erscheint nahezu aussichtslos. Die Armee hat in den Augen der Leute die Fähigkeit so gut wie verloren, wieder Ordnung zu schaffen. Die Demokratie ist heruntergewirtschaftet durch die Bhutto-Dynastie. Welche Regierungsform bleibt uns noch? Die kommunistisch-sozialistische Möglichkeit ist auch diskreditiert. Welches Ideal bleibt uns in Pakistan heute noch? Welches bleibt dem Volk und den jungen Leuten? Was bleibt *uns?* Wir haben nur noch wenige Möglichkeiten. Deswegen gehen wir mit unserer Arbeit in die Nahräume, kümmern uns konkret um die betroffenen Menschen, die die Hoffnung haben, dass sich ihrer jemand annimmt.

Vieles gelingt uns. Aber unser akutes Problem ist das fehlende Geld. Wir hatten andere Prioritäten in den letzten Jahren. Alles in allem sehen die Aussichten finster aus.

Und dennoch! Im Eingang zum Krankenhaus in Karachi steht immer noch der Satz des Anfangs: „Es ist besser, ein Licht in der Dunkelheit anzuzünden, als über die Dunkelheit zu klagen." Davon bin ich immer noch überzeugt. Dabei bleibe ich, wenn es auch noch so schwer werden sollte. Es hat mir noch bei keinem Atemzug leid getan, dass ich die Kerze an beiden Seiten angezündet habe.

Es gibt auch die helle Seite

Man kann die ganze Sache auch andersherum aufrollen. Das tue ich auch, wenn ich den Mitarbeitern gegenübertrete: Lepra ist solide im Griff. Wir müssen noch ein Modell der Leprarbeit für die nächsten 40 Jahre entwickeln, das wissen wir. Da ist ein Lernprozess abgelaufen, auf dem wir aufbauen können. Wir haben mehr als 100 000 Tuberkulosepatienten nebenher ausgeheilt. Damit haben wir über 100 000 Leben gerettet sowie die Familien, die daran hängen. Wir haben also schon etwas geleistet! Wir haben unsere Leute – 100 Prozent gibt es nie – wirklich dazu gebracht, dass sie ihre Umgebung, ihre Umwelt kritisch beobachten und, wenn möglich, die nötigen Schritte einleiten. Da sind Initiativen von unten entstanden, bei denen ich überhaupt nicht mitspielen musste. Zum Beispiel wenn ein Lepraassistent entdeckt, dass die Kinder eines einsamen Tals nicht geimpft sind, und dann die Regierung und die Impfteams so weit bringt, dass sie dieses Tal auf ihre Liste setzen. So etwas ist schön. Und so etwas findet nicht nur vereinzelt statt. Irgendjemand muss einfach anfangen. Wenn es das Richtige ist, wird es sich durchsetzen. Immer vorausgesetzt sind dabei das Hingehen und Bleiben!

Was man nicht lösen kann, das kann man sehr häufig noch unterlaufen. Das ist eine subversive Methode. Das Christentum ist eine subversive Religion. Sie unterwandert das Gegebene und gestaltet es von innen heraus neu.

Wenn die Situation auch noch so grauenhaft ist, heißt meine Antwort: Direkt rein! Helfen! Wenn es nur irgendwie geht!

Ich habe früher nicht gewusst, wie prägend mein persönliches Verhalten war. Jetzt weiß ich es. Ich habe die entscheidende Rolle gespielt. Jetzt hoffe und bete ich nur, dass sich diese Haltung als „erblich" herausstellt.

Noch einmal die Flüchtlinge!

Die Flüchtlinge in Pakistan halten meinen Kopf und mein Herz besetzt. Angesichts solcher Katastrophen ist die fast verzweifelte Frage: Was kann man da noch machen? Zumal eine solche Flüchtlingskatastrophe nicht im Budget eingeplant war. Zwar hat es die ganzen Jahre über immer wieder kleinere Flüchtlingsbewegungen im Land gegeben, aber die Katastrophe des Jahres 2009 hat alle Dimensionen gesprengt. Uns blieb nichts anderes übrig, als uns zuerst einmal mit den versprengten Familien zu befassen und zu sehen, dass sie irgendwo eine Bleibe finden konnten. Die offiziellen Stellen in den Städten des Swat-Distriktes waren unfähig und überfordert, eine Lösung zu finden. Deshalb waren sie auch froh, dass auch MAC sich anbot und einsprang, wo es konnte. Das war zwar nur eine individuelle Antwort auf individuelle Fälle. An eine strukturelle Hilfe war überhaupt nicht zu denken. Aber eine Möglichkeit zu helfen ist Anfangen. Davon war ich immer überzeugt: Wenn man nicht anfängt, dann ergeben sich auch die strukturellen Möglichkeiten nicht.

Aufbrechen –
Die einzige Möglichkeit, Glück zu finden

Als wir mit der Lepraarbeit anfingen, sagten wir uns: Wir nehmen uns ein Gebiet vor, das besonders schwierig ist. Wenn wir es dort schaffen, schaffen wir es im ganzen Land.

Unser erstes Gebiet in der Leprabekämpfung waren die Northern Areas entlang des Karakorum-Highways im Himalaya. Durch die Indus-Schlucht hatten die Chinesen eine Straße gebaut, auf der man fahren konnte. Aber die Seitentäler waren berühmt-berüchtigt wegen ihrer Stammeskultur und nur sehr schwer erreichbar.

Das erste Seitental, in dem wir die Lepra in den Griff bekommen wollten, war Dodoshal, das zweite Tangir. Damals wurden wir gewarnt: „Versuchen Sie es nicht! In Tangir herrscht das Gesetz der Kugel." Wir entschieden uns, es wenigstens zu versuchen. In den drei Wochen, die wir dort waren und die Dorfreihenuntersuchungen organisierten, sind vor unseren Augen 13 Menschen der Blutrache zum Opfer gefallen. Der Jüngste war 13 Jahre alt. Die Frauen können sich in einer solchen Lage noch halbwegs bewegen. Aber für die Männer ist die Blutrache unentrinnbar.

Wir sind also losgezogen. Die erste Nacht haben wir bei einem unserer Leprapatienten verbracht. Eine junge pakistanische Ärztin, die ich kannte, war mit dabei. Es war im Fastenmonat. Am Abend hat der Mullana in der Moschee gepredigt, dass das Fasten des ganzen Dorfes von Gott nicht angenommen werde, weil alle Männer des Dorfes sich auf die Zehenspitzen stellten und versuchten, einen Blick auf die junge pakistanische Ärztin zu werfen. Drei junge Männer erklärten sich daraufhin bereit, die Situation zu bereinigen. Das hieß, den Patienten, der uns in sein Haus aufgenommen hatte, anzugreifen. Als das unser Patient erfuhr, hat er die bewaffneten Männer seines Stammes zu seinem Schutz zusammengerufen. Als ich das erfuhr, habe ich die junge Ärztin nach Gilgit zurückgeschickt. In so einer Situation hat es keinen Sinn, wenn man sich kontrakulturell benimmt. Ich bin dann mit dem Lepraassistenten weiter ins Tal hineingelaufen und wir haben unsere Arbeit fortgesetzt. In der nächsten Nacht hat uns wieder jemand aufgenommen. Wir bekamen kein Fleisch zum Abendessen, sondern nur Spinat. Der Lepraassistent, der die Gebräuche im Tal kannte und auch die örtliche Sprache verstand, sagte zu mir: „Dass uns die Leute kein Fleisch vorsetzen, zeigt deutlich, dass sie unglücklich über ihre Gäste sind." Ich habe gelacht und gesagt, ich hoffe, dass der nächste Gastgeber auch unglücklich sei, damit ich meinen Spinat bekomme.

Wir hatten dann am Ende noch richtiges Glück. Als wir ganz oben im Tal angekommen waren, entdeckten wir noch einen Mann, der im fortgeschrittenen Stadium Lepra hatte, aber noch ausheilbar war. Dessen Bruder war der Stammesälteste. Er war so froh, dass wir kamen. Danach hatten wir im ganzen Tal keine Schwierigkeiten mehr. So ein Glück muss man eben auch mal haben! Die einzige Chance dafür ist, dass man aufbricht und geht. Schritt für Schritt. Man muss dann erfühlen, ob man weitergehen kann oder nicht.

Um es vollständig zu machen: Ein paar Jahre später wollten wir wieder in dieses Gebiet. Noch bevor wir das Tal erreicht hatten, schickte mir jener Stammesälteste die Botschaft, ich solle nicht kommen. „Die Polizei hat ein Mitglied unseres Stammes verhaftet und mein Stamm setzt mich unter Druck, dass ich Sie als Geisel hier festhalten soll, damit wir unseren Gefangenen auslösen können." Da sind wir dann wieder zurückgefahren.

Die ganze Tangir-Geschichte ist am Ende gut ausgegangen. Heute haben wir auch dort nicht nur die Lepra im Griff, sondern auch die Tuberkulose, die in früheren Jahren eine erhebliche Anzahl von Todesopfern gekostet hat.

Neue Tugenden sind gefordert

Die Lepra ist im Griff. Wenn wir jetzt in die Gemeindeentwicklung einsteigen, erfordert das ganz neue Tugenden. Da arbeitet man mit einer Bevölkerungsgruppe über einen langen Zeitraum zusammen. Wir sind ja nicht mehr verpflichtet, über das ganze Land hinweg die Einzelfälle zu behandeln und zu versorgen, wir können uns auf das Netz verlassen: fliegende Ambulanzen, die diese Arbeit übernommen haben. Außerdem sind unsere Außenstationen inzwischen so bekannt, dass sich ein Leprapatient mit sehr großer Wahrscheinlichkeit selber dort melden würde.

Eine unserer Grundüberzeugungen war, man sollte nicht warten, bis jemand kommt, sondern hingehen und wahrnehmen, was ist. Da gibt es nun eine Verschiebung. In Zukunft werden die Leute vor Ort selber die Verantwortung übernehmen. Denn diese Touren von Karachi aus werden wir nicht mehr machen können oder auch nur machen wollen. Das Abenteuer der langen Wege und unsicheren Straßen wird vertauscht mit den Abenteuern im überschaubaren Raum einer Gemeinde. Das erfordert eine ganz andere innere Einstellung. Man muss bleiben, nicht mehr aufbrechen und wieder weiterziehen. Man muss bleiben, im Bleiben aufbrechen, sich nicht festsetzen, sondern dem anderen die Chance überlassen. Darum geht es.

Die Gemeindearbeit ist eine Entwicklung zur Normalität.

Was ich in den letzten 50 Jahren gemacht habe, war nicht normal.

Wie es am Ende sein wird?

Ich habe immer höher und weiter geträumt als das, was möglich war.

Ich habe mich immer um Pakistan gesorgt.

Zwei Grundsätze unserer Arbeit werden bleiben:
Wir werden weiterhin das machen, was kein anderer Mensch machen will. Und: Der Mensch steht im Zentrum unserer Aufmerksamkeit.

Die große Aufgabe, die unserer ganzen Arbeit zu Grunde lag, liegt und liegen wird, ist die Verwirklichung der sieben Grundrechte jedes Menschen. Das sind:

Das Recht auf Nahrung.
Das Recht auf Kleidung.
Das Recht auf ein Dach über dem Kopf.
Das Recht auf Schulbildung.
Das Recht auf soziale Akzeptanz.
Das Recht auf Gesundheitsvorsorge.
Das Recht auf gleiche Chancen im Arbeitsmarkt.

Wir sind der Verwirklichung dieser Aufgabe nahegekommen. Aber auch nur für die kleine Gruppe der Leprakranken. Tausende warten noch darauf: landlose Landarbeiter, Gelegenheitsarbeiter in der Industrie, afghanische Flüchtlinge, Hindu- und Bengali-Minderheiten …

Es gibt noch keine Volksbewegung, die diese Rechte einfordern würde. Und immer wieder gibt es Rückschläge, die schwer zu verkraften sind: Flutkatastrophen, Erdbeben, Flüchtlingsströme ...

Die große Aufgabe bleibt.

Wir arbeiten weiter daran.

Besser eine Kerze anzünden, als die Dunkelheit verfluchen

Es war 1970, als ich das erste und wohl letzte Mal in Badin war. Badin, eine Grenzstadt nahe Indien, ein vergessenes Gebiet nahe der Wüste Thar. In der Zwischenzeit hat die Regierung dort ein Krankenhaus errichtet, die Lepraasisstenten haben die Krankheit unter Kontrolle gebracht.

Ein winziges Zimmer im Spezialistenblock. „Glückwunsch!", sage ich zu Paulus, „dass sie dich zu den Fachärzten zählen!" Ein scheues Lächeln von seiner Seite.

„Würden Sie zum katholischen Gesundheitszentrum mitkommen?", fragt Paulus. „Ich kann Ihnen nur dort erklären, was ich tue."

„Es gibt praktisch keine Lepra mehr in meinem Gebiet", erzählt er mir auf der Fahrt. „Als ich verstand, dass MAC mich jetzt nicht mehr unterstützen könne, war das ein richtiger Schock. Aber dann habe ich mir gesagt: Jetzt wirst du dein Leben selbst verantworten. Ich habe alles verkauft, was ich verkaufen konnte, habe mich auf dem Markt umgesehen und in die Produktion von Baumaterial investiert. Damit habe ich 65 Familien aus der Schuldknechtschaft ausgelöst, mit ihnen produziere ich Bausteine. 65 Familien, die jetzt von ihrem Einkommen leben können! Und ich verdiene genug, um meine Kinder zur Schule zu schicken. Wir sind alle zufrieden! – Das hat man mich als Lepraassistenten gelehrt: ‚Es ist besser, eine Kerze zu entzünden, als die Dunkelheit zu verfluchen.'

Ich habe eine Kerze entzündet. 163 Tuberkulosepatienten sind bei mir derzeit in Behandlung. Kostenfrei! Und alle aus der christlichen Minderheit! Und alle aus der Schuldknechtschaft befreit!"

Lepraassistent Paulus!

Wenn das Leprabekämpfungsprogramm durch alle Krisen zu dieser Lösung führt, bin ich Gott dankbar für mein Leben.

Karte von Pakistan

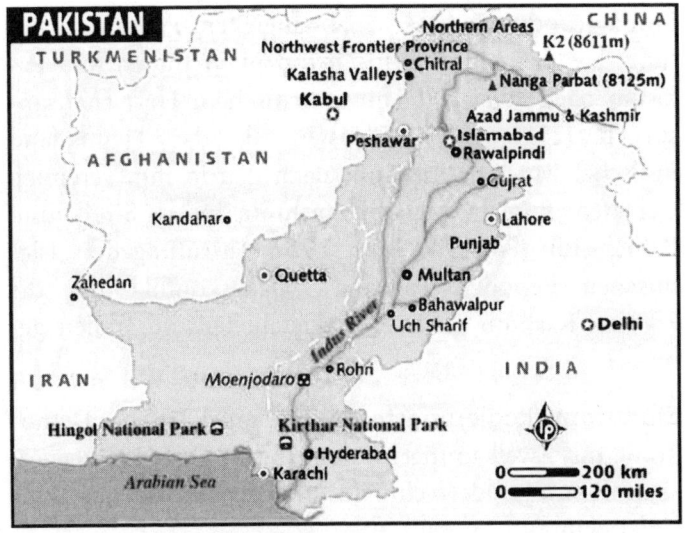

Steckbrief von Pakistan

Staatsgründung: 1947 Unabhängigkeit Pakistans. Teilung des ehemaligen Britisch-Indien in Indien und Pakistan nach etwa 200 Jahren britischem Herrschaftsanspruch (1756–1947). Pakistan als das Heimatland indischer Muslime, benannt nach den in ihm vereinten Gebieten: **P**unjab, **A**fghani, **K**ashmir, **I**ndus, **S**indh und Baluchi**stan** (**P-a-k-i-s-tan**). 1956 Ausrufung der „Islamischen Republik Pakistan". Dauerkonflikt um die Provinz Kashmir (teils zu Pakistan, teils zu Indien gehörig).

Staatsform/Regierungsform: Parlamentarische Demokratie mit Zweikammernsystem (Senat und Nationalversammlung), Sonderrechte des Präsidenten (de facto Präsidialregime)

Verwaltungsstruktur des Landes: Bundesstaat

Hauptstadt: Islamabad

Bevölkerung: circa 168 Millionen laut aktueller Schätzung (Population Census Organization Pakistan 2009)
vier Provinzen (Punjab, Sindh, Nordwest-Grenzprovinz – NWFP, Baluchistan) und von der Zentralregierung verwaltete Stammesgebiete (Federally Administered Tribal Areas, FATA)
außerdem seit 1947 Verwaltung von einem Teil Kashmirs (Azad Jammu & Kashmir) mit weiteren 13 300 qkm und rund 3 Mio. Einwohnern, der eine Teilautonomie ge-

nießt, sowie der Nördlichen Gebiete (Gilgit), früher zeit-
weilig ebenfalls Teil des Fürstentums Kashmir

Landessprachen: Urdu (offizielle Landessprache), Englisch (landesweit gebraucht, Sprache des öffentlichen Lebens), zahlreiche Regionalsprachen (über 130)

Landesfläche: rund 800 000 qkm (rund zweimal so groß
wie Deutschland)

Religionen/Kirchen:
Islam: Staatsreligion (96 % der Bevölkerung → Volkszäh-
lung 1998, Mehrzahl Sunniten, zwischen 10 und 20 %
Schiiten)
Christen knapp 2 % (2 Mio.), Hindus 2 % (2,4 Mio.).
Mehrzahl der über 2 Mio. protestantisch/reformierten
Denominationen: Church of Pakistan; Katholische Kir-
che: ca. 1 Mio.
Ahmadis: ca. 600 000 im Land, vom pakistanischen Staat
per Gesetz als nicht-islamische Minderheit angesehen
Andere: rd. 0,6 Mio., daneben Parsen, Sikhs, Buddhisten,
Baha'i

Nuklearpolitik
20.1.1972: Multan Conference, „Geburtsstunde der
Atombombe": das **Projekt 706.** Zulfikar Ali Bhutto
(ehem. Premierminister) gibt den Auftrag, mit dem Bau
von Atomwaffen zu beginnen. Seit Ende der 70er/Anfang
80er Jahre ist der Bau von Atomwaffen möglich
Mai 1998: Atomtests Pakistan (zuvor auch Indien), bis
heute vermutet man die Durchführung unterirdischer
Atomtests, Pakistan hat den Kernwaffensperrvertrag
(Nuclear Non-Proliferation Treaty) bisher nicht unterzeichnet

Gesellschaftliche Strukturen

Es dominieren (vor allem auf dem Land) feudale Machtstrukturen. Bürgerliche Mittelschicht kaum vorhanden.

Alphabetisierungsrate (Personen ab 15 Jahre, die einen einfachen Text lesen und schreiben können): 49,9 Prozent, Pakistan damit in der Kategorie „Bildung und Schulbesuch" auf Platz 136 von 177 evaluierten Ländern.

Menschenrechtslage

Wichtige internationale Vereinbarungen zum Schutz der Menschenrechte sowie die Konvention gegen Folter zwar unterzeichnet, jedoch noch nicht ratifiziert.

Todesstrafe für minderjährige Straftäter wurde abgeschafft, ihre separate Inhaftierung verfügt.

Polizei und Justiz häufig korrumpiert.

Kinderarbeit laut Verfassung illegal, jedoch praktiziert: Schätzungen der pakistanischen Regierung und der ILO gehen von 3,3 Millionen arbeitenden Kindern aus, die Dunkelziffer ist hoch. Schätzungen von Nichtregierungsorganisationen liegen bei bis zu 5 Mio.

Lage der Frauen

Trotz Diskriminierungsverbot sind Frauen aufgrund der Anwendung islamisch geprägter Rechtsvorschriften oft schlechter gestellt als Männer.

Geringer Zugang zu medizinischer Versorgung. Kindersterblichkeit bei Mädchen höher als bei Jungen.

Alphabetisierungsrate der Frauen deutlich niedriger: offiziell 35 Prozent bei Frauen gegenüber 59 Prozent bei Männern; nach realistischeren Schätzungen liegt die Alphabetisierungsrate der Frauen allenfalls bei 24 Prozent.

Quellen, vgl. S. 219

Ruth Pfau oder
Das wahre Leben im falschen

Nachwort von Michael Albus

In der Welt des schnellen Wechsels, der Moden und der kurzlebigen Trends ist diese Frau ein Phänomen. Man kann es nicht anders sagen. Auch bei nüchterner Betrachtung: Ruth Pfau, Ärztin und Ordensschwester. Sie lebt und arbeitet seit 50 Jahren – sprich: einem halben Jahrhundert! – in Pakistan. In Pakistan, einem Land, das wir fast ausschließlich vom Hörensagen des Schreckens, der Armut und der Gewalt kennen. Dort, mittendrin, hat sie gelebt, lebt sie, will sie sterben. Sie ist eine Ausnahmeerscheinung. Sie hat die Ausnahme zur Lebensregel gemacht. Freiwillig, nüchtern und begeistert, schier unermüdlich.

Eigentlich war sie von ihrem Orden für eine Tätigkeit in Indien bestimmt, blieb aber in Karachi, der Hafenstadt an der Arabischen See, hängen und fand dort ihre Lebensaufgabe, ihre große Liebe. Sie hat als Frau und Christin in einem männerdominierten, radikal islamischen Staat etwas geleistet, vor dem die Männer – nicht nur dort – erblassen können: Sie hat die Lepra mit Hilfe einer in jahrelanger geduldiger und zäher Arbeit aufgebauten Infrastruktur, gestützt auf einheimische Kräfte, in den Griff bekommen. Bis heute ist sie Beraterin der pakistanischen Regierung in Leprafragen.

Schon der Weg, den sie bis Pakistan gegangen ist, war alles andere als gewöhnlich. 1929 wurde sie in Leipzig geboren. Der Vater war Buchhändler. Sie war die vierte in der Reihe von fünf Schwestern. Ein kleiner Bruder starb früh. Stark und nachhaltig geprägt haben sie die Erlebnisse des Krieges im Kindes- und Jugendalter. Von den Bombennächten spricht sie heute noch. Nach dem Krieg studierte sie Medizin in Mainz und Marburg. Das Motiv ihrer Berufswahl war, „dass ich als Arzt im Kriegsfalle wenigstens sicher sei, dem Leben und nicht dem Töten dienen zu können". Das klingt wie das Motiv ihres ganzen Lebens. Nicht nur für Zeiten des Krieges.

Ruth Pfau hat eine Begabung zur Konsequenz, zu folgerichtigem und entschlossenem Handeln. Widerstände sind für sie allenfalls Herausforderungen, Anfragen an Mut und Tapferkeit.

Am Anfang sah die Geschichte ziemlich kompliziert aus. Kein Ausgangspunkt für ein Heiligenleben herkömmlicher Art: „Ich bin ja in kein christliches Milieu geboren, bin ja erst mit 20 Jahren auf eigenen Wunsch christlich getauft worden. Ich habe vorher viele Ismen durchprobiert, im Sozialistischen Studentenbund mitgearbeitet, theosophische Einflüsse auf mich wirken lassen und eine positivistische Periode durchlaufen. … Schließlich und endlich, als sich alles tatsächlich als brüchig erwies, habe ich mir gesagt: Ehe du die fällige Konsequenz ziehst, sollst du ja auch logisch sein, also versuchst du das Christentum. Vielleicht ist das eine tragfähige Grundlage."

Das Christentum wurde tragfähig für Ruth Pfau. Immer mehr und immer tiefer. Bis zum heutigen Tag und darüber hinaus. Ruth Pfau ist inzwischen 80 Jahre alt geworden.

Etwas kam noch hinzu. Als Ruth Pfau sich entschloss, in einen Orden einzutreten, hatte sie sich in einen Mann verliebt. Sie konnte sich sehr gut vorstellen, dass sie ihn geheiratet hätte und glücklich mit ihm geworden wäre. Aber ihre Berufung, oder wie sie sagt, der Ruf, war stärker. Sie suchte ein ganz anderes Leben. Sie suchte das wahre Leben im falschen.

Dass etwas in jenen Wirtschaftswunderjahren, in denen sich die Deutschen zuerst langsam und dann immer schneller vom Zweiten Weltkrieg erholten, nicht stimmte, hat Ruth Pfau ganz früh gespürt: „Ich hatte gerade meinen Führerschein gemacht. Und da war eben die Frage, ob ich mir ein Auto zulegen sollte. Und wenn ein Auto, dann welches? Es war schon vorauszusehen, dass ich mir zuerst einen ‚Käfer‘ kaufen würde. Und dann würde mein Kollege einen anderen fahren. Und dann würde ich den nächsten … Irgendwie lag das damals schon in der Luft. Und das wollte ich nicht. Das fand ich schlicht dumm. Das Erleben der Nachkriegszeit war einfach noch zu stark. Was ich aus dieser Zeit mitgenommen habe, ist die Unfähigkeit, einer Ungerechtigkeit zuzusehen. Ob Abenteuerlust mitgespielt hat, weiß ich nicht." … Sie hat mitgespielt, heute gibt sie es lachend zu. Ruth Pfau ist ausgestiegen, weil sie die Gefahr spürte, vom Strudel des Wirtschaftswunders ins falsche Leben gerissen zu werden – und darin zu ertrinken. In Wirklichkeit aber ist sie eingestiegen.

Über ihren Eintritt in einen kirchlichen Orden hat sie einmal gesagt: „Was ich gewonnen habe, ist Freiheit." Diese Freiheit hat sie schließlich dafür befreit, für die Befreiung anderer zu arbeiten, ja zu kämpfen. Ihr Leben war und ist ein Kampf. Das wird bis zu ihrem Lebensende so sein. Ruth Pfau kann gar nicht anders. Ihr Leben ist wie die Kerze, die an beiden Enden zugleich brennt.

Es gab Erfolge und Rückschläge in diesem ungewöhnlichen Leben. Den Glauben an das Glück gab sie nie auf. Leidenschaftliche Suche und intensives Fragen sind bis heute geblieben. „Das letzte Wort wird Liebe sein" heißt eines ihrer Bücher, in dem sie spannende Geschichten aus ihrem aufregenden Leben erzählt.

Was trägt ein solches Leben? – Eine trunkene Nüchternheit oder auch eine nüchterne Trunkenheit ist ein Grundwesenszug dieser ungewöhnlichen Frau. Man spürt dahinter den Kampf mit der Veranlagung zur Depression. Sie kann jederzeit verstärkt werden durch das, was ihr täglich und nächtlich widerfährt und begegnet – unverhofft, unerwünscht. Aber nichts kann Ruth Pfau wirklich vom Wege abbringen. Was sie nicht lösen kann, worauf sie keine Antwort weiß, was ihr den Atem verschlägt, das setzt sie auf ihre eschatologische Liste. Die ist im Laufe des Lebens länger und länger geworden. Jetzt ist sie voll. Manches war einfach zu viel. Und nun hat es den Anschein, dass die Grenze des Erträglichen überschritten ist. Angesichts ihrer Erfahrungen in 50 Jahren in Pakistan ist das kein Wunder. Ein Wunder ist es eher, dass sie nicht aufgibt. Ich möchte nicht der sein, dem sie diese übervolle Liste nach dem Ende ihres Lebens oder am plötzlich eintretenden Jüngsten Tag vorlegt. Ob der, den wir Gott nennen, auf alle ihre Fragen eine Antwort weiß?

Ruth Pfau glaubt an einen Gott, der unbedingte Liebe ist. Diesen Glauben nennt sie immer wieder „verrückt" –

nicht zuletzt auch angesichts der Tatsachen, die die Menschen in der Welt geschaffen haben und immer wieder schaffen. Aber dieser Glaube an eine unbedingte Liebe ist auch für Ruth Pfau nicht billig zu haben. Er ist beträchtlichen Zweifeln ausgesetzt. Ruth Pfaus Spiritualität ist eine Sache für sich. Sie ist ziemlich sperrig. Passt sich keinem der gängigen Sprachspiele, keiner der herrschenden Moden und Trends an. Aber schließlich ist sie ja erst im Erwachsenenalter christlich getauft worden und dann zur katholischen Kirche übergetreten. Ihr fehlt der kirchliche Stallgeruch der frühen Jahre, der für viele so prägend war und zeitlebens nicht nur eine Lust geblieben ist. Davon ist sie frei.

Wichtig sind für sie die Erkenntnisse der Naturwissenschaften. Sie nimmt sie staunend und ernüchtert zur Kenntnis. Viele Gründe zu glauben, kommen für Ruth Pfau von dorther. Sowohl von den Grenzen der Naturwissenschaften als auch von ihren Möglichkeiten. Denken und Glauben sind für sie keine Gegensätze. Aber es bleiben Fragen offen.

Noch einmal zurück zu ihrer „eschatologischen Liste" der irdisch unlösbaren Fragen. Mit welcher Redlichkeit sie darüber spricht, macht sowohl die Klarheit ihres analytischen Denkens als auch die Tiefe ihres Glaubens sichtbar: „Die Punkte, die auf meiner eschatologischen Liste stehen, hängen alle irgendwie mit dem Leid unserer Existenz zusammen. Ich finde das Leben wirklich verstörend und empörend. Ich habe so viele Dinge erlebt, so viel Leidvolles erfahren, das ich nicht in mein Unbewusstes verdrängen mag, sondern lieber auf meine eschatologische Liste setze. Das ist eine ganze Menge. Ich habe den größten

Teil meines Lebens in existenzielle Erfahrungen investiert. Ich habe aber durchaus den bleibenden Wunsch, dass ich das alles noch einmal intellektuell einholen und am Ende ‚wissen‘ möchte. Den Sinn dieser 123 täglichen Erfahrungen und Beobachtungen, die eben nicht in das Bild eines Gottes der Liebe passen, die muss ich ja irgendwo hintun …

Kein Mensch ist dazu berufen, alles Leid der Welt zu tragen. Ich bin nur da, um zu sehen und auszuprobieren, was ich in mein endliches, begrenztes Leben packen kann. Das ist alles.

Wenn mein Leben dann am letzten Tag im Zusammenhang sichtbar wird, wenn sich die Fäden, die wir geknüpft haben, zum Bild zusammenfügen, dann werden alle diese unbeantworteten Fragen der eschatologischen Liste aufscheinen. Aber vielleicht wird es dann auch gar keine Frage mehr geben, weil die Antworten schon in der Vollendung mit eingeschlossen sind, weil man sie in einem ganz anderen, nie gehörten und nie gewussten Zusammenhang sieht.“

Was Ruth Pfau noch auszeichnet, ist ihr Mut zum Risiko. Sie bleibt nicht in ihren Träumen hängen. Sie setzt ihre Vorstellungen, ihr Denken und ihren Glauben um in konkretes Handeln. Das birgt schwerwiegende Risiken, wie man weiß. Sie geht diese Risiken furchtlos ein.

Wenn sie ab und zu nach Deutschland zu Besuch kommt, dann machen sie bestimmte Erscheinungen unruhig und betroffen. Zum Beispiel die offenkundige Unfähigkeit zum Risiko, das manifeste Sicherheitsdenken, die Festungsmentalität, die mangelnde Bereitschaft zu wirklichem Teilen. Dann sagt sie in der ihr eigenen Gradlinigkeit: „Was mich traurig macht, ist, dass unsere Jugend so wenig jung ist. Dass gar kein Ausgriff auf die Sterne stattfindet. Ja, da bin ich noch jünger als die."

Wer etwas zu sagen hat, der wird es immer wieder neu sagen. Viele Geschichten, die Ruth Pfau erzählt, sind reine Risikogeschichten. Einige dieser zeitlos frappierenden Erfahrungen erzählt sie immer wieder. Und jedes Mal sind sie neu. Auch wenn man sie schon oft gehört hat und zu kennen meint. Immer haben sie einen Mehrwert, zeigen einen neuen Gesichtspunkt, sind nicht gewöhnlich. Belegen im Übrigen auch, wie wach und achtsam sich Ruth Pfau in das eingelebt und eingefühlt hat, was wir landläufig „eine fremde Kultur" oder „eine andere Religion" nennen. Von ihr kann man lernen, welche Möglichkeiten, aber auch welche Grenzen der sogenannte interkulturelle oder interreligiöse Dialog hat. Aber auch, welcher Voraussetzungen und Bedingungen er bedarf. Da reicht es eben nicht, mal schnell hinzureisen, vorbeizuschauen und wieder zurückzugehen. Nein, Bleiben ist angesagt, lange und intensiv.

Ruth Pfau hat eine klare Auffassung von dem, was religiöse Menschen unter einem Gebet verstehen. Hier sprengt sie viele der noch immer unterschwellig wirksamen kirchlichen Vorstellungen. Verfasstes Gebet empfindet sie für sich als schwierig. Unter anderem auch deswegen, weil die Sprache letztlich ein unzureichendes Mittel ist, um Gott den ihm entsprechenden Platz einzuräumen. Das unfassbare und unaussprechliche Geheimnis unseres Lebens kann nicht mit Worten erreicht werden. Dafür muss der Mensch, der nach diesem Geheimnis sucht, sich von ihm ergreifen, packen lassen, sein ganzes Leben dafür in die

Bresche werfen. Das tut Ruth Pfau – ohne Unterlass. „Beten ist für mich eine existenzielle Tatsache", sagt sie. „Gott ist ständig in meinem Leben anwesend, und es wäre unmöglich, ihn irgendwo da herauszuhalten. Ich halte es mit Ignatius von Loyola, der gesagt hat, dass man Gott suchen soll in allen Dingen. Und kein Ding ist zu schlecht und zu gering, zu schön oder zu faszinierend, als dass man in ihm nicht Gott suchen und finden könnte. Vorausgesetzt, man sucht wirklich, man nimmt sich die Zeit, man entwickelt die Disziplin, damit man *Ihm* Raum schaffen kann. Für einen Freund muss man Zeit haben." Das gilt auch, wenn dieser Freund schweigt, sich abwesend zeigt. Gottes Gegenwart kann, paradox genug, auch durch seine Abwesenheit erfahren werden.

In diesem Zusammenhang muss man einfach daran erinnern, dass die Erfahrung der Abwesenheit Gottes zum innersten Kern der mystischen Erfahrungen vieler Religionen gehört, der christlichen Religion in ausgezeichneter Weise. Hat doch kein Geringerer als Jesus selbst am Kreuz, in der Stunde seines Todes, seine Gottverlassenheit buchstäblich herausgeschrien. Es scheint so, als ob die Ferne des Geheimnisses, aus dem wir leben, in dem wir uns bewegen und sind, die größtmögliche Nähe bezeugt. Gott ist eben nicht zu haben, wie eine Habseligkeit, die man mit sich herumtragen, über die man beliebig verfügen kann. Aber er geht mit. Auch wenn er sich scheinbar unserer Wahrnehmung entzieht. Haben, als hätten wir nicht.

Wenn ich an Ruth Pfau denke, dann kommt mir immer wieder eine Predigt Albert Schweitzers in den Sinn, die er am 4. April 1909 in einer Straßburger Kirche vor Neukonfirmierten gehalten hat. Er hat dabei von der Schlafkrankheit gesprochen, die im Inneren von Afrika herrscht, und daraus gefolgert, dass es auch eine „Schlafkrankheit der Seele gibt", „bei der die Hauptgefahr ist, dass man sie nicht kommen fühlt; darum müsst ihr auf euch achten. Und wenn ihr die geringste Gleichgültigkeit an euch merkt und gewahr werdet wie ein gewisser Ernst, eine Sehnsucht, eine Begeisterungsfähigkeit in euch abnimmt, dann müsst ihr über euch erschrecken und euch klar werden, dass das davon kommt, dass eure Seele Schaden gelitten hat."

Es gibt Weniges, was wir heute nötiger haben als „Menschen für andere". „Menschen für sich selbst" haben wir mehr als genug. Wir brauchen Menschen, die einfühlsam sind, die Kampf und Kontemplation miteinander verbinden können, die mutig und geduldig angehen gehen die sich weiter ausbreitende Schlafkrankheit der Seele, die nicht nur „im Inneren von Afrika" herrscht.

Ruth Pfau ist ein solcher Mensch. Ein Vor-Bild.

Sie lebt das wahre Leben im falschen.

Ein paar kurze Bemerkungen noch zu diesem Buch. Es hat eine seiner Grundlagen in tagelangen intensiven Gesprächen, die wir während eines Deutschlandaufenthaltes von Ruth Pfau im Sommer 2009 miteinander führten. Die Gespräche sollten dann in Karachi fortgesetzt werden, im Lebenskontext von Ruth Pfau. Äußere Ereignisse verhinderten diesen Plan. Aber das hat der Authentizität nicht geschadet. Wovon sich die Leserinnen und Leser – hoffentlich – überzeugen konnten.

Ich gestehe gern, dass ich von Ruth Pfau fasziniert bin. Meine inzwischen jahrzehntelange journalistische Arbeit mit ihr und über sie hat darunter nicht gelitten. Ich bin nicht der verbreiteten Auffassung, dass ein Journalist sich nur in der berichtenden Distanz erschöpfen sollte. Das auch, sicher! Aber ein bisschen Faszination schadet nicht.

Quellen und Bildnachweise

Zum Steckbrief S. 206–208

Auswärtiges Amt:
   http://www.auswaertiges-amt.de/diplo/de/Laenderinforma
   tionen/Pakistan/Aussenpolitik.html#t3
History of PAEC, Pakistan Atomic Energy Commission
   http://www.paec.gov.pk/paec-hist.htm
„Remembering Unsung Heroes: Munir Ahmed Khan":
   Pakistan Military Consortium,
   http://www.pakdef.info/nuclear&missile/munirahmad1. html
Atomwaffen A–Z, Pakistan, Hintergründe:
   http://www.atomwaffena-z.info/atomwaffen-heute/atom
   waffenstaaten/pakistan/hintergruende/index.html
Population Census Organization Pakistan:
   http://www.statpak.gov.pk/depts/pco/index.html
Karte Pakistans:
   http://www.lonelyplanet.com/maps/asia/pakistan/map_
   of_pakistan.jpg

Fotoquellen

Bild   1, 2: © KNA
Bild   3: aus: To light a Candle, edited by M. Salim, National
         Book Foundation, Islamabad
Bild   4: © Dr. Hans Kutnewsky
Bild 23: © Fotograf unbekannt
Bild 24: © Rolf Bauerdick
Bild 25: © Fotograf unbekannt
alle anderen Bilder: © Michael Albus